产品质量安全知识读本

建筑装饰装修材料（一）

国家质量监督检验检疫总局产品质量监督司　编

中国质检出版社
中国标准出版社

北　京

图书在版编目（CIP）数据

产品质量安全知识读本．建筑装饰装修材料（一）/ 国家质量监督检验检疫总局产品质量监督司编．—北京：中国标准出版社，2013.10

ISBN 978-7-5066-7327-3

Ⅰ.①产…　Ⅱ.①国…　Ⅲ.①建筑材料—装饰材料—产品质量—基本知识　Ⅳ.①F273.2②TU5

中国版本图书馆 CIP 数据核字（2013）第 206418 号

中国质检出版社
中国标准出版社　出版发行

北京市朝阳区和平里西街甲 2 号（100013）

北京市西城区三里河北街 16 号（100045）

网址：www.spc.net.cn

总编室：（010）64275323　发行中心：（010）51780235

读者服务部：（010）68523946

北京博海升彩色印刷有限公司印刷

各地新华书店经销

*

开本 700×1000　1/16　印张 9　字数 147 千字

2013 年 10 月第一版　　2013 年 10 月第一次印刷

*

定价　26.00　元

《产品质量安全知识读本》编委会

主　任　文树平

副主任　魏传忠

编　委　梅建华　刘春燕　孙会川　嵇　超　郑卫华

　　　　吴向前　李　涛　王　军　刘　杰

主　编　魏传忠

副主编　梅建华

编　审　孙会川　吴向前　李　涛　吴华龙　高晓红

　　　　杨跃翔　崔艳武　刘　霞　蔡华利　冯　卫

　　　　胡　靖　李　莹　陈　伟　张海煊

序 言

做质量强国的建设者

质量问题是非常广泛而又现实的问题。从政府到百姓，几乎每天都要与质量打交道。古往今来，质量无时不在，质量无处不在，质量是经济社会发展永恒的主题。

从宏观层面讲，质量的高低，反映一个国家的综合实力，是企业和产业核心竞争力的体现，是国家文明素质的体现。质量强，则国家强。提升产品质量水平，既是经济发展的内在要求，又是科学发展与放心消费的必然选择。

从微观层面看，质量与老百姓的日常生活息息相关，人们的衣、食、住、行，样样离不开质量的保障。质量好，人人受益；质量不好，人人受害，甚至影响社会和谐稳定。

党和政府高度重视质量工作，制定实施了一系列加强质量工作的政策措施。特别是近年来，我国提出建设质量强国的目标，强调要把经济发展的立足点转变到提高质量和效益上来，努力提高产品质量和市场竞争力，促进形成以技术、品牌、质量、服务为核心的出口竞争新优势，正在走出一条中国特色的质量发展之路。

质检部门作为质量宏观管理和行政执法部门，以产品质量提升促经济转型升级是应尽职责。质检部门要以人民质检的忠诚，以高度负责的精神，健全质量工作体系，推动各方落实质量责任，切实加强产品质量监管，严厉打击质量违法行为，努力维护消费者质量利益，不断满足人民群众日益增长的质量需求。

提高质量的目的是为了服务群众，质量工作也必须依靠群众。人民群众是历史的创造者，也是质量工作的参与者、建设者和推动者。面对产品质量安全面临的新形势，必须充分调动人民群众的积极性、主动性和创造性，推动形成人人关心质量、监督质量、促进质量提升的良好氛围。正是基于这样的认识，国家质检总局产品质量监督司组织国家质检中心、省级质检院所的技术专家，共同编写了《产品质量安全知识读本》，目的就是为了普及产品质量知识，增强全民质量意识。

这套读本结合近年来产品质量国家监督抽查工作实际，紧贴老百姓日常生活需要，针对社会关注热点，重点选择日用消费品、建筑和装饰装修材料、农业生产资料、工业生产资料等方面的产品作为编写对象，在简要介绍产品特点、行业状况的基础上，突出介绍与产品质量安全密切相关的标准规定、近年来国家监督抽查情况、产品质量存在的主要问题、消费者选购和使用常识等。该读本内容丰富，图文并茂，通俗易懂，既是广大消费者了解和掌握产品质量安全知识的实用工具书，也可作为质量监督人员的专业教材。

我特别想说的是，在现代商品社会，我们每个人都是消费者。对广大消费者而言，了解和掌握产品质量安全知识，做到理性消费、科学消费，就是对质量工作的支持。一方面，消费者通过对产品质量的亲身体验与感知，做出正确的消费选择，可以对质量好的产品给力支持，鼓劲加油；另一方面，当发现质量问题，遇到质量纠纷，不是忍气吞声息事宁人，而是通过维权渠道，维护自身消费权益，可以最大程度地挤压假冒伪劣产品生存的空间，揭露和曝光漠视质量的不良企业。从这个意义上说，我们每个人既是消费者，又是产品质量的监督者，同时也是质量强国的建设者。

让我们携起手来，共同做质量强国的建设者！

国家质检总局局长

2013 年 9 月 16 日

目 录

无规共聚聚丙烯（PP-R）管材

一、产品简介

无规共聚聚丙烯（PP-R）管材是一种塑料管材，它是以无规共聚聚丙烯树脂为主要原料，经过挤出成型的用于建筑物内冷热水给水、饮用水、采暖系统以及部分工业领域的管材，简称 PP-R 管材，见图 1。

图 1　PP-R 管材

聚丙烯管材相对于传统的金属管材有密度小、力学性能均衡、耐热性高、抗腐蚀、清洁卫生、连接密封性好、施工和维修方便等诸多特点。

聚丙烯管材按其材质分为 3 类产品：最初是均聚聚丙烯（PP-H）管材，

因其具有较大的冷脆性，后采用丙烯和乙烯嵌段共聚的方法生产嵌段共聚聚丙烯（PP-B）管材，为了进一步提高管道的长期耐热承压强度，欧洲于 20 世纪 90 年代初又开发出由丙烯和乙烯无规共聚方法生产的无规共聚聚丙烯（PP-R）管材，并被称为第三代的新型聚丙烯管道产品。

依靠国家化学建材产业发展政策的支持，无规共聚聚丙烯（PP-R）管道产品凭借其众多的综合优势和特点，以及近年来良好且成熟的使用效果，早已走进了千家万户，并被老百姓所熟知。

二、行业概况

目前我国聚丙烯（PP）管道的产量约 110 多万吨，占所有塑料管道总产量的 10%，生产企业近千家。产业分布主要集中于山东、江苏和浙江，这三个地区的企业数量和产量占全国总量的 40%以上，近几年，广东和四川的企业数量与产量也有较大的增长。

国外生产并应用 PP-R 管道的主要在欧洲，其中以北欧特别是德国为代表，在亚洲的韩国、日本和东南亚国家也有部分应用。因市场较为成熟，所以国外该产品的发展相对稳定。

我国 PP-R 管道产品的生产虽起步稍晚，但生产技术和加工工艺水平提高很快，许多大型企业已经具备先进的加工设备及较高的技术能力，其生产水平和产品质量堪比国际先进水平，但行业总体质量水平还参差不齐、有待于进一步提高。

PP-R 管道的应用与我国的房地产业、城镇和新农村建设相伴相生，同时也以其自身众多的特点和经济性在很多工业领域中发挥着重要的作用。我国是发展中国家，市场潜力巨大，用量将会持续增长，PP-R 管道的发展前景十分广阔。

三、标准解读及关键指标分析

1. 标准总体情况

PP-R 管材产品的现行国家标准为 GB/T 18742.2—2002《冷热水用聚丙烯管道系统　第 2 部分：管材》，此标准与 ISO 15784.2：1999 国际标准的技术指标一致。

2. 关键指标分析

（1）材料

PP-R 管材生产所使用的原材料应符合相关要求，特别是按照 GB/T 18252 标准通过了长期静液压试验的 PP-R 管材专用树脂，用此材料生产的管材能够在设计使用条件下达到 50 年甚至更长的使用寿命。

（2）外观和颜色

产品的外观是用户能够接受的第一感官要求。标准规定 PP-R 管材的内外表面应光滑、平整，无凹陷、气泡和其他影响性能的表面缺陷。外观质量不佳不仅是产品的卖相问题，更重要的是还可以形成各种应力缺陷，而对管道今后的应用产生不利的影响。

标准对 PP-R 管材的颜色没有硬性的规定，一般要求为灰色，但其他颜色也可由供需双方协商解决。因此在市场上可以见到白色、灰色、绿色、黄色等多种颜色的 PP-R 管材。

（3）尺寸

塑料管材的尺寸主要指壁厚和外径，它并非简单的外形尺寸，而属于提供力学性能和与管件配合的功能尺寸。管壁厚自然承压性能好，而要保证管内水的流量也不能过厚，但薄壁管材必然导致其承压能力的降低；管材的外径偏小将会增加与管件连接时的配合间隙而使熔接不紧密，反之偏大又存在配合过盈承插不到位而缩短插入深度的情况，同样影响管道的连接密封性。因此标准中对管材的外径和壁厚均提出了偏差的要求。

（4）物理性能

1）冲击性能

PP-R 管材在运输、使用、特别是施工安装时可能遇到外部的冲击负荷，其抗冲击性能以简支梁冲击试验进行评价。标准要求 10 个试样经过冲击试验后的破损率应小于 10％。

2）纵向回缩率

纵向回缩是由于塑料管材在加工时的不当，使 PP-R 高分子取向产生了残余内应力，随环境条件的变化和时间的延续，管材产品沿纵向呈现整体“回缩”的现象。回缩率过大必然影响管道的使用，标准要求≤2％。

此外，人们常将纵向回缩率和线膨胀系数混为一谈。前者是由加工导致的内应力引起，回缩为不可逆的单向变化，是产品质量的控制指标；后者为温度变化的热应力产生，胀缩是可逆的双向行为，仅与材质有关，是产品选用的设计参数。两者的物理意义和表现行为均不同，其间亦无对应关系。

3）静液压试验

PP-R 管材的力学性能并非采用典型的拉、压、弯等机械性能体现，而是根据压力管道最主要和最基本的受力形式采用管内静液压的方式进行评价。按照现行的标准，静液压试验是在规定的温度下向管内连续注入液体介质（通常是水），并施加压力至标准值，然后保持一定的时间，在此时间内管材应不破、不裂。其试验条件是在相应的压力（环应力）和 20℃下保持 1h 以及 95℃下分别保持 22h、165h、1000h 的验证性通过试验。该项试验与管道实际应用时的受力情况相似而有比较好的模拟性，因此静液压试验试验对于压力管道来讲意义重大。

（5）卫生性能

给水用管材对于人身的安全性始终是被关注的焦点。与水接触的管材不应含有害物质、产生异味、助长滋生微生物以及影响水质的各种因素。塑料管材的综合卫生性能要优于传统的金属管材，PP-R 管材也是如此。但在管材的生产过程中，如果使用了不正规的原、辅材料或经过不当的加工，就有可能因材料本身含有的添加剂、残留单体、加工中产生的小分子产物等，通过管壁向水中析出，并在热水条件下加速抽提而影响水质。

目前，PP-R 管材卫生性能的要求为：在与水接触的材料中所浸出的对人身有害的物质含量和产生的不良感官性指标不能超过 GB/T 17219《生活饮用水输配水设备及防护材料的安全评价标准》的要求，这其中包括颜色、气味、杂质、重金属和化学物质等。

值得一提的是管材的不透光性也可间接影响到卫生性能，PP-R 材料本身不会对水质造成不良影响，但某些环境因素仍可能产生间接的作用，明装的管道在受到日光照射时，光线如透过管壁则会对水中原有的少量藻类微生物产生光合作用，使其繁殖生长，导致水体污染而影响卫生性能。因此标准要求管材应不透光。

（6）系统适用性

实际使用的管道是管材与管件及配件共同组成的管路系统，据多年来对管路事故情况的统计表明：出自管材或管件本身问题的比例要远低于它们的连接部分。系统适用性试验是根据管道不同的连接方式模拟实际管路系统中典型的温度压力变化、连接形式、安装支撑固定方式以及由此产生的受力状况等工况条件设计的一组整体评价试验。目前在标准中包括了 PP-R 管道的内压试验和热循环试验。

四、常见的主要问题

近年来国家监督抽查发现主要不合格项目分析如下。

1. 平均外径

平均外径偏大。这种现象会引起在与管件的连接中配合过盈，不是承插不到位而导致连接处渗漏等系统密封性能的问题，就是熔接后壁厚减薄引起的承压性能的降低。

2. 壁厚偏差

壁厚出现负偏差，即壁厚偏薄。塑料管道的力学性能除依赖原材料和加工质量保证外，主要由壁厚提供，壁厚达不到标准要求在今后的使用中将会降低甚至丧失力学性能，出现管道渗漏、破裂等现象。

3. 不透光性

不合格的产品多为白色管材，其透光率超过标准的规定。产品标准中要求不透光是为了保证管内输送水质的卫生性能（避免滋生藻类等有害物质）此外还有提高材料抗光老化性能的作用。

4. 简支梁冲击性能

经过试验后试样的破损率较高，超过标准规定的 10%，这种产品在正常的运输、装卸、安装及使用中（特别在冬季）如遇到偶然的外部冲击就有可能发生破裂。

5. 静液压试验

该项试验是压力管道中最重要且十分直观的技术要求。静液压试验是 PP-R 管材不合格的主要项目，这也与在目前实际使用中最常出现的渗漏、“爆管”等现象相吻合。

6. 材料

管材的材质与标准不符。表明使用了非 PP-R 管道材料，标准规定的原料应为 PP-R 管材专用料，该专用料是经过了长期静液压试验且结果符合要求的材料。使用非 PP-R 原料会导致上述静液压试验不合格的结果，同时也有可能对长时间使用的管道留下质量隐患。

7. 标识

问题为标识内容不全，如没有明示标准或生产日期。无标准将缺失对产品质量、用户使用以及问题解决的依据，无生产日期则无法对今后的问题产品进行追溯。

五、选购和使用提示

1. 用户在市场上选购 PP-R 管材时需要注意的事项

（1）应选择正规厂家、知名品牌、有质量保证和售后服务的产品，决不能贪图便宜。

（2）检查管材上的标识是否齐全，包括生产厂名或商标、生产日期、产品名称（PP-R）、规格尺寸，特别是产品标准应执行 GB/T 18742.2—2002。

（3）查看管材的外观，应色泽均匀一致，内外壁光滑、平整，无气泡、凹陷、杂质等影响表面性能的缺陷。

（4）应当购买同一品牌的 PP-R 管材与管件，因为不同品牌的产品原料可能不一致，对管材、管件的熔接会产生不利的影响，长期使用中会引起熔接处的渗漏。

2. 家庭安装 PP-R 管道时需要注意的事项

家庭安装 PP-R 管时一定要严格按照施工要求和 PP-R 管的特点进行安装，以保证其良好的使用性能。

（1）PP-R 管较金属管硬度低、刚性差，在搬运、施工中应加以保护，避免不适当外力造成的机械损伤。

（2）PP-R 管在 0℃以下存在一定的低温脆性，冬季施工要当心，切截管材时要使用锋利刀具且缓慢切割，否则容易产生断裂现象。

（3）PP-R 管的线膨胀系数较大，在长距离直管埋设时应采取防止管道因热胀冷缩产生变形的补偿措施。

（4）PP-R 管明装布管时，必须按规定安装支、吊架。

（5）PP-R 管除了与金属管或用水器连接使用带螺纹嵌件或法兰等机械连

接方式外，其余均应采用热熔连接。使管道一体化，无渗漏点。

（6）在涉及管道连接的接口部位，特别是塑料管与金属管道的连接时，尽量将接口设置在明处，避免暗埋，以便维修和检查。

（7）PP-R 管长期受紫外线照射易老化降解，安装在户外或阳光直射处必须有防护层。

（8）对已安装的管道不能重压、敲击，必要时对易受外力部位复盖保护物，保证 PP-R 管不会产生任何的损害。

（9）管道安装完成后必须试压，试压压力与时间应符合相关的技术规程。

（由国家塑料制品质量监督检验中心（北京）凌伟撰稿）

安全玻璃

一、产品简介

玻璃是一种非晶态的无机材料。在公元前3700年前，古埃及人就制造出了玻璃；在公元前1000年前，中国也已经制造出了无色玻璃。由于这种材料优异的化学稳定性、光学性能、硬度等，逐渐得到大规模的应用，被广泛应用在建筑、汽车制造等各个领域。

但玻璃是一种脆性材料，在受到撞击时很容易破碎并形成带有尖锐角度的大块，危及人身安全。为了提高玻璃强度以减少对人的伤害，安全玻璃问世了。安全玻璃是指通过各种工艺处理使其安全性得到大幅提高的玻璃。这些玻璃的强度是普通玻璃的数倍，并且即便破碎也不会形成带有尖锐角度的大块或长条，降低对人的伤害。

安全玻璃按品种主要可分为钢化玻璃、夹层玻璃以及由钢化玻璃和夹层玻璃组合成的中空玻璃；按应用主要分为建筑用安全玻璃和汽车用安全玻璃，这也是我国玻璃深加工最主要的两个领域。安全玻璃是国家强制性认证产品之一，标识为“CCC”。

在汽车上不同部位，要按规定安装不同类型的安全玻璃。对于时速高于40km/h的车辆，前风窗必须安装夹层安全玻璃，侧窗和后窗可以采用钢化玻璃；时速低于 40km/h 的低速车前风窗也可采用钢化玻璃。

对于建筑玻璃，由国家发改委、建设部、国家质检总局和国家工商总局联合发布并于 2004 年 1 月 1 日起施行的《建筑安全玻璃管理规定》，详细规定了建筑的 11 个部位必须采用安全玻璃，并对安全玻璃的生产、销售、建筑设计、施工、验收等进行了限定。

二、行业概况

目前我国有建筑安全玻璃和汽车安全玻璃生产企业 3000 余家，其中汽车玻璃企业约 200 家。除台湾地区外，在其他的省、市、自治区均有安全玻璃生产企业。四川、广东、江浙等省区是我国安全玻璃企业的集中区。

近年来，我国安全玻璃行业取得了长足进步，部分企业的产品质量已经完全达到了国际先进水平，出现了福耀、南玻、信义等世界知名的玻璃生产企业。但和国外相比，我国安全玻璃行业存在集中度低、技术水平良莠不齐等不足。3000 余家企业中绝大部分为中小企业，还存在一些技术水平低、产品质量不稳定的小作坊式企业。对这些中小企业的整合和技术提升是我国安全玻璃行业下一阶段的重要任务。

三、标准解读及关键指标分析

1. 标准总体情况

目前，在安全玻璃最主要的两个应用领域——建筑和汽车领域，共有相关国家标准 10 项，其中产品标准 6 项，试验方法标准 4 项。这些标准的制定和实施对提高安全玻璃产品质量、促进行业健康发展起到了重要作用。主要标准有：

（1）GB 15763.2—2005《建筑用安全玻璃　第 2 部分：钢化玻璃》

该标准主要规定了建筑用钢化玻璃的分类、技术要求、试验方法和检验规则，主要技术内容中碎片状态要求与 BS EN 12150－1：2000《建筑用玻璃　热钢化钠钙硅安全玻璃　第 1 部分：定义和描述》一致；霰弹袋冲击试验方法及要求参考了 ANSI Z97.1《建筑物中窗用安全玻璃材料的安全性能规范和测试方法》和 BS 6206：1981《建筑物用安全平板玻璃及安全塑料的耐冲击性能要求规范》。

（2）GB 15763.3—2009《建筑用安全玻璃　第 3 部分：夹层玻璃》

该标准主要规定了建筑用夹层玻璃的分类、要求、试验方法和检验规则，主要技术内容非等效采用了 EN ISO 12543《夹层玻璃和夹层安全玻璃》的第 1～6 部分（EN ISO 12543—1：1998、EN ISO 12543—2：2006、EN ISO 12543—3～6：1998）、BS EN 12600：2002《建筑玻璃　摆锤试验　平板玻璃冲击试验方法和分级》。

(3) GB 9656—2003《汽车安全玻璃》

该标准主要规定了汽车安全玻璃的分类、技术要求、试验方法和检验规则，主要技术内容非等效采用了欧洲经济委员会法规 ECE R43—2000《安全玻璃材料的统一规定》。

(4) GB/T 11944—2002《中空玻璃》

该标准主要规定了中空玻璃的技术要求、试验方法和检验规则，主要技术内容参考英国标准 BS 5713：1979《中空玻璃技术要求》、ASTM E546—1988《中空玻璃结露点测试方法》和 JIS R3209—1998《中空玻璃》。

2. 关键指标分析

(1) 钢化玻璃碎片状态

建筑钢化玻璃和汽车钢化玻璃都要求破碎时形成细小的颗粒，标准规定在 50mm×50mm 区域内碎片不得少于 40 块、且不允许出现超过 75mm 的长条。这些规定，都是以尽可能减小对人员的伤害为目的。

汽车钢化玻璃还有一个最大碎片数限制，厚度大于 3.5mm 玻璃最大碎片不得多于 400 块。这是为防止在高速运动的汽车上，过于细小的颗粒飞入司机的眼睛，造成更大事故。图 1 是钢化玻璃和普通玻璃的碎片状态。

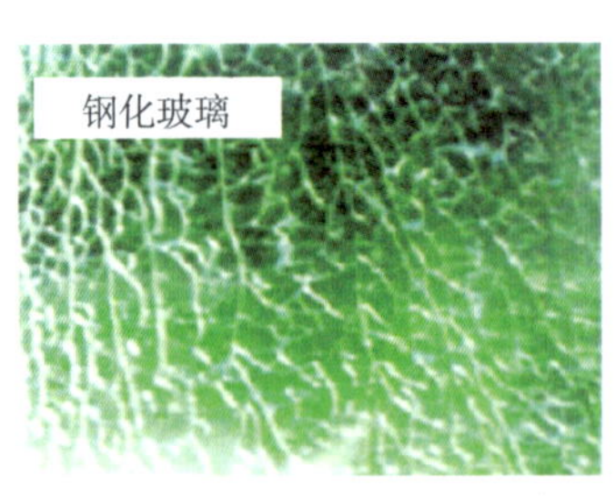

图 1　不同玻璃的碎片状态

(2) 夹层玻璃的耐热性和耐辐照性

这两个技术要求主要是为了考核夹层玻璃的耐候性，考察夹层胶片（主要为 PVB）在高温或紫外线辐照下是否会出现性能降低。经过 100℃、2h 高温或 100h 紫外辐照后，不能产生气泡等缺陷且透射比降低不超过标准规定值。图 2 是耐热试验后出现大面积气泡的不合格夹层玻璃。

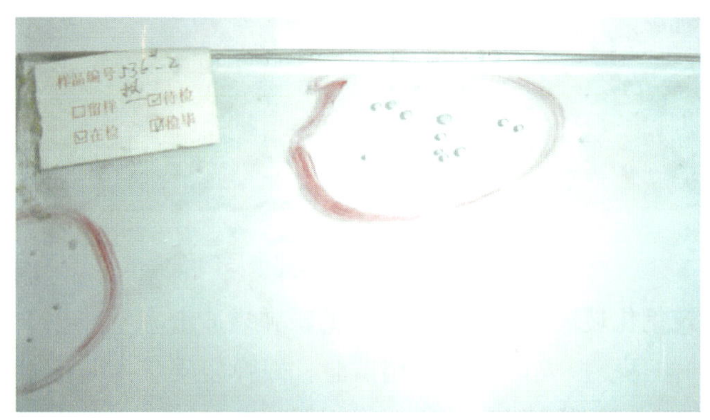

图 2 耐热试验后的不合格玻璃

（3）钢化玻璃和夹层玻璃的落球冲击

在相关标准中，有许多涉及用钢球冲击的检验项目和技术要求。表 1 对不同产品类别的玻璃做了对比。可以看出对不同产品，冲击所用的钢球大小、试验温度、冲击高度以及判定规则都有很大差异。这些试验的目的是为了表征钢化玻璃的耐冲击性能、夹层玻璃胶片的粘结性能等。图 3 是不同质量的冲击体及冲击后合格的建筑夹层玻璃试样。

表 1 不同产品落球冲击试验对比

产品类别	钢球质量	试样尺寸	试验温度	冲击高度	合格结果判定
建筑钢化玻璃	1040g	610mm×610mm	室温	1m	不破坏
汽车钢化玻璃	227g	300mm×300mm	室温	2m（厚度≤3.5mm）；2.5m（厚度>3.5mm）	不破坏
建筑夹层玻璃	1040g/2260g	610mm×610mm	室温	从 1200mm 始按规定高度间隔，依次冲击直至破坏	胶片不断裂、不暴露
汽车夹层玻璃	227g	300mm×300mm	+40℃和−20℃	按制品厚度从 8.5m 到 12m 不等	从背面剥落的碎片质量不超过标准规定值
	2260g	300mm×300mm	室温	4m	钢球不穿透试样

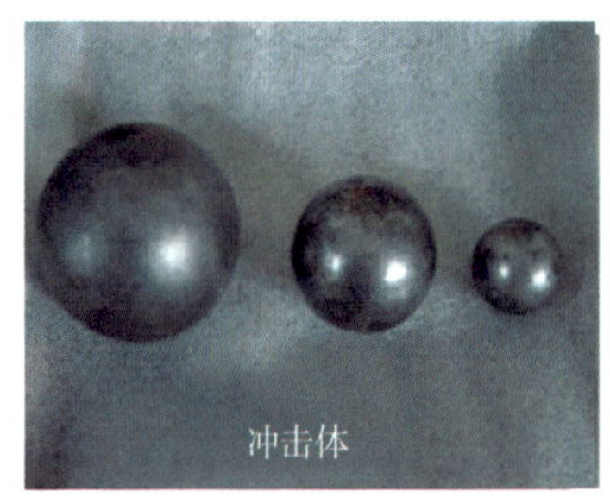

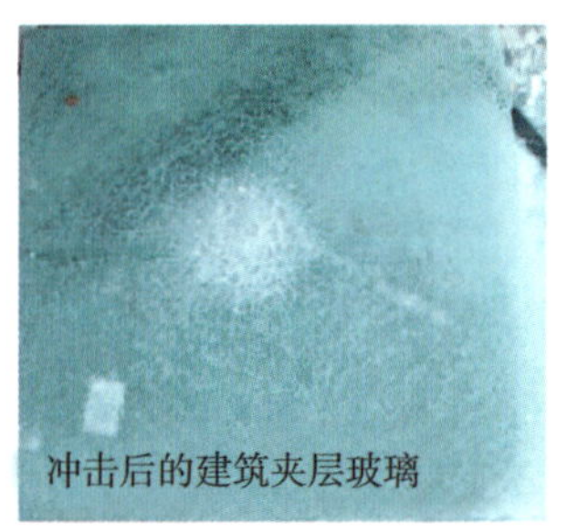

图 3　不同质量冲击体及冲击后的玻璃

（4）建筑钢化玻璃和建筑夹层玻璃的霰弹袋冲击

霰弹袋冲击是模拟人体冲击玻璃试验。霰弹袋质量 45kg，相当于一个小孩的体重，当其全速撞击玻璃时，动能约为 1000J。但实际上当人体冲撞玻璃，会下意识地有规避的动作，四肢或身体某一部分会先接触玻璃，缓冲大部分能量。所以试验时，考虑各种冲撞可能，设置冲击 300mm、750mm 和 1200mm 三个高度来代表不同的冲击动能。

钢化玻璃经霰弹袋冲击后，如果达到 1200mm 冲击高度还未破坏或在某一高度破碎但未出现超过规定的大的碎块和长条，则认为是合格的；夹层玻璃按霰弹袋冲击高度进行了产品分级，合格判定原则是达到相应冲击高度未破坏，或破碎但未出现超过规定的大的碎块和洞口。图 4 是霰弹袋冲击装置及冲击后不合格的建筑夹层玻璃。

图 4　霰弹袋冲击装置及冲击后的夹层玻璃

（5）汽车夹层玻璃的人头模型冲击

人头模型是用一个质量10kg的带柄圆球体模拟人头，以此检验在汽车出现意外情况下人的头部直接撞击玻璃会产生什么样的结果。

标准规定，在1.5m高度冲击，玻璃必须破碎为合格。这是因为玻璃破碎可以吸收部分冲击能量，减轻对人头部的伤害，达到最大限度保护驾乘人员的目的。图5是人头模型及其冲击后合格的汽车夹层风窗玻璃。

图5　人头模型及其冲击后的玻璃

（6）建筑中空玻璃的露点

露点是指在某温度下出现结露的温度。随着温度的降低，即便很少量的水汽也可在密闭的中空玻璃腔体内结露。标准规定，中空玻璃露点必须≤−40℃。

露点测试相对于其他长周期的耐候性能测试，简单易行、结果立现，是最常规的检验项目。图6是露点不合格的中空玻璃在使用中腔体内出现的结露现象。

图6　中空玻璃结露

四、常见的主要问题

因安全玻璃产品的质量涉及到人身安全，近 10 年来，国家质检总局共组织了 6 次安全玻璃产品国家监督抽查工作，涵盖了汽车玻璃、建筑用钢化玻璃、建筑用夹层玻璃及建筑用安全中空玻璃产品。抽查发现，安全玻璃主要存在以下问题，消费者在选购和使用时需要予以关注：

1. 汽车钢化玻璃和建筑用钢化玻璃碎片状态性能

碎片状态不合格的产品在破碎时会出现大的碎块或尖锐的长条，有可能会对附近的人员造成严重伤害。这主要是由于钢化工艺制度如加热温度、冷却风压、冷却风量、风栅间距等参数设置不合理造成的。

2. 建筑用夹层玻璃耐热性能和霰弹袋冲击性能

耐热性能不合格的产品容易在湿热使用环境下出现脱胶现象，脱胶后玻璃和胶片剥离，除影响外观外，面积大时还会使产品降低或丧失安全性能。

霰弹袋冲击性能不合格的产品在受到撞击破碎时会对人体造成较大的伤害，出现较严重的划伤、割伤等。

耐热性能和霰弹袋冲击性能不合格可能由多种原因造成，如玻璃选型偏薄、胶片偏薄或质量不合格、合片温度及压力设置不合理等。

3. 建筑用安全中空玻璃露点性能

空气中的水汽会侵入露点性能不合格的中空玻璃腔体，在玻璃内表面形成水雾，会降低中空玻璃的节能效果、影响外观质量和使用寿命。

中空玻璃露点性能不合格可能是由于密封胶特别是第一道密封胶——丁基胶质量不好或涂布质量不好造成的，也可能是由于起吸水作用的干燥剂质量不好或填充量少造成的。

不同于一些生活日用品，对于不合格的玻璃产品，消费者无法自行采取处置措施来消除隐患或改善质量，只能更换。

五、选购和使用提示

消费者在选购玻璃制品或安装有玻璃构件的产品时，首先进行外观检查，看玻璃上有无裂纹、气泡、条纹、结石等肉眼可见的缺陷存在，观察表面是否平整。但玻璃这类产品比较特殊，一般消费者很难凭感官判断产品外观之外其他性能的好坏。安全玻璃是国家强制性认证产品，因此消费者应注意查证产品的“CCC”认证标志。从认证标志可以追溯玻璃的生产企业和认证机构。对于汽车玻璃，其上有永久性的“CCC”标志，但对于建筑玻璃，允许生产商使用临时性标志，如不干胶贴来标识。所以有时消费者在一些建筑类安全玻璃上找不到“CCC”认证标志。这时，我们可以要求产品提供者为我们提供玻璃生产企业的认证证书和检验报告，以核实其资质。

安全玻璃产品的“安全性”是一个相对的概念，它只是相对于“普通玻璃”产品而言具有更好的安全性。但玻璃毕竟是一种脆性的材料，在碰撞时还是容易对人造成伤害。因此，在使用时应尽量避免对玻璃制品造成冲击。对于钢化玻璃，其边部，尤其是四个角是最脆弱的部位，应重点保护，避免碰撞。

（由国家安全玻璃及石英玻璃质量监督检验中心苗向阳撰稿）

新型节能环保墙体材料

一、产品简介

1. 产品定义

新型节能环保墙体材料是主要以非粘土（西部地区除外）为原料生产的、区别于粘土实心砖的墙体材料的总称。“新型墙体材料”的概念是相对于传统墙体材料粘土实心砖而提出的，是我国在墙体材料改革时期出现的专门名称。

我国自20世纪90年代开始鼓励发展新型墙体材料，经过几十年的发展，新型墙体材料已形成产品多样化、功能复合化的局面，主要分为以下四个系列：

（1）砖类（包括烧结多孔砖、空心砖、保温砖、装饰砖，承重混凝土多孔砖、非承重混凝土空心砖、装饰混凝土砖，蒸压灰砂砖、灰砂多孔砖、粉煤灰多孔砖、粉煤灰砖，复合保温砖等）；

（2）砌块类（包括烧结多孔砌块、空心砌块、保温砌块，普通混凝土小型空心砌块、轻集料混凝土小型空心砌块、装饰混凝土砌块，蒸压加气混凝土砌块、石膏砌块，复合保温砌块等）；

（3）板材类（包括建筑用轻质隔墙条板、灰渣混凝土空心隔墙板、玻璃纤维增强水泥轻质多孔隔墙条板、石膏空心条板、纤维水泥夹芯复合墙板，蒸压加气混凝土板、建筑用金属面绝热夹芯板、外墙外保温系统用钢丝网架模塑聚苯乙烯板、建筑隔墙用保温条板，纸面石膏板、纤维增强硅酸钙板、蒸压纤维水泥板、纤维增强低碱度水泥建筑平板、维纶纤维增强水泥平板、纤维增强水泥外墙装饰挂板、烧结装饰板等）；

（4）其他〔包括经行业或省级有关部门鉴定通过的复合保温砌块（砖、板）、预制复合墙板等产品；利用各种工业、农业、矿山废渣、建筑渣土、淤泥、污泥等，经无害化处理、废渣掺量达到资源综合利用有关规定，技术性能达到国家或行业相关标准的墙材产品〕。

2. 产品用途

目前，砖类和砌块类产品是新型墙体材料的绝对主体。砖和砌块的区别主要是尺寸大小的差别，其长不超过 365mm、宽度不超过 240mm、高度不超过 115mm 的称为砖，其中一个方向超过则称为砌块。砖类新型墙体材料主要用于建筑结构的承重部分或框架结构建筑的隔墙，起到空间围护作用。砌块类新型墙体材料通常用于框架结构、多层和高层建筑的隔墙和围护部位，基本上砌筑的是建筑物的隔热保温内外墙。

3. 产品分类

新型墙体材料（砖和砌块）产品按生产工艺可分为烧结类（代表性产品：烧结多孔砖、烧结空心砖和空心砌块）、混凝土类（代表性产品：混凝土多孔砖）和硅酸盐类三大类制品（代表性产品：蒸压加气混凝土砌块）。

烧结多孔砖、烧结空心砖和空心砌块是指以粘土、页岩、煤矸石、粉煤灰等为主要原料，经过原料处理、成型、干燥、焙烧而成的烧结制品（孔洞率不小于 28%为多孔砖，不小于 40%为空心砖和空心砌块），见图 1、图 2。

图 1　新型墙体材料产品一：烧结多孔砖

图 2　新型墙体材料产品二：烧结空心砖和空心砌块

承重混凝土多孔砖是以水泥为胶结材料，以砂、石为主要集料，配料、加水搅拌、成型、养护制成的一种多排小孔的混凝土制品，见图 3。

图 3　新型墙体材料产品三：
承重混凝土多孔砖

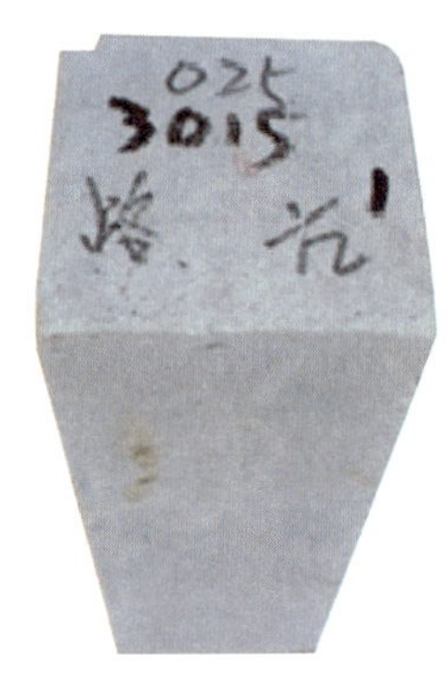

图 4　新型墙体材料产品四：
蒸压加气混凝土砌块

蒸压加气混凝土砌块，是采用钙质材料（水泥或石灰）、硅质材料（砂或粉煤灰等）和发气剂（通常采用铝粉）经配料、制备、成型，在高温蒸养水热条件下进行水化反应后生成的，具有均匀气孔分布的硅酸盐制品，见图 4。

4. 产品特点

新型墙体材料具有符合建筑功能要求的技术性能，如轻质、高强、保温、隔热等；具备节省自然资源、节约能源消耗、降低生产成本、提高生产效率和满足复合功能等特点，在建筑工程中获得了良好的推广和应用，具有较好的社会效益和经济效益。

二、行业概况

1. 生产企业数和分布

目前全国新型墙体材料生产企业约有 3 万家左右 ，全国各地都有，分布较为分散、广泛。企业性质大部分是乡镇私营企业，国有、集体、三资企业和股份制企业分别占有一定份额，企业的隶属关系较复杂，横跨了乡镇、建材、司法、煤炭、电力、建工及三资等多个部门。

2. 主产区相关情况

主产区企业分布情况见表 1。

表 1　主产省区分规模企业分布情况

省、直辖市		大型/家	中型/家	小型/家	合计/家	产量/块(折标砖)
华北	北京市	8	83	610	701	105 亿
	河北省	7	130	1210	1347	210 亿
东北	吉林省	5	130	950	1085	163 亿
	黑龙江省	4	135	1400	1539	230 亿
华东	江苏省	12	160	1100	1272	190 亿
	浙江省	11	180	1140	1331	200 亿
	山东省	8	150	1400	1558	234 亿
华中	河南省	4	140	1350	1494	224 亿
	湖北省	10	125	1300	1435	215 亿
西南	四川省	6	165	1550	1721	258 亿
	重庆市	4	80	670	754	113 亿
西北	陕西省	5	100	1100	1205	181 亿
	甘肃省	2	70	1000	1072	161 亿
合　计		约 86	约 1648	约 14780	约 16514	2484 亿

3. 行业特点和发展水平

新型墙体材料（砖和砌块）生产企业绝大部分是原来传统墙体材料厂（粘土实心砖瓦厂和混凝土制品厂）经技术改造而来的，少部分企业是国外翻版引进线或引进国外先进设备兴办的，技术装备水平从家庭小作坊式到大规模机械自动化生产都有。总体来说，企业规模小，数量多，技术装备配置水平高低差距大，即使发展条件相对成熟的地区也未形成一个合力的整体，重点不突出。近两年行业整合步伐加快，但距离国家产业结构调整“调结构、上水平”的要求相距甚远。

我国新型墙体材料经过三十多年的开发研究、技术引进与消化吸收、生产与应用实践，在产品结构、机械装备、工艺技术水平、生产能力、推广应用等方面均取得了长足进步，已具备了一定的工业化、自动化生产基础，其品种和产量基本满足了城镇建设迅猛发展的需要，尤其是近几年来新型墙体材料发展极为迅速，企业数量、产品数量和产品应用数量迅速扩张。但是我国新型墙体材料行业的总体水平与先进工业国家行业水平相比仍有不小差距，主要反映在以下几个方面：

（1）企业结构不合理，小作坊式的企业多

目前我国新型墙体材料生产企业数量众多，约有 3 万家左右，但多数生产规模偏小，平均每家企业年生产量约 1500 万块标砖左右，而国外先进国家的墙体材料生产企业的年生产量一般可达到 1 亿块标砖以上，我国新型墙体材料生产企业小、散、乱的现实状况，已经严重阻碍了行业技术水平的整体向上发展。

（2）生产工艺和技术装备配置落后

我国大多数新型墙材企业普遍技术装备配置落后，自动化程度低，生产方式粗放，工艺管理水平低，工人文化水平低，生产效率低、产品质量波动较大，且生产资源和能源消耗偏大。与国外大规模机械化、自动化流水线生产企业相比较，产品质量控制和质量保证能力很低。

（3）生产企业缺乏技术创新和自我研发能力，尤其表现在对建筑节能产品的开发应用上

对于大多数新型墙体材料小企业，由于技术力量薄弱，很难进行新产品开发等科研工作。而大中型企业，虽然拥有自己的产品试验室，但大多是针对自己生产进行的质量控制，很少进行应用性和更具有前瞻性的技术创新。大多数企业的产品开发、技术改造、质量控制一般依靠有生产经验的技术工人。这种研发方式缺乏理论指导和分析能力，导致应用技术研究和产品开发滞后，市场应变能力、技术创新储备成为软肋，行业科学发展缓慢滞后。

（4）产品单一，系列化、配套化程度不高，价格稳中趋升、市场敏感性不强

目前国内大部分新型墙体材料企业产品品种单一，产品系列化、配套化程度不高，产品档次普遍偏低，直接影响了其市场形象定位和市场份额。

4. 国内外发展趋势比较

目前，发达国家的新型墙体材料不仅实现了安全、绿色、节能的特点，而且，其产业已形成了完整的产业化系列和规模化生产、检测、售后服务配套一体化，建筑设计、施工工艺与规范完善，管理方式先进。新型墙体材料产品不仅种类、规格齐全，而且质量优良、外观尺寸规整、功能性强，具有传统墙材所不及的优点，成为现代建筑业发展强有力的支撑，正朝着节能、利废、环保以及企业大型化，生产技术智能化，产品品种多样化、性能轻质、高强，墙体

系统向功能合一、自保温方向发展。产品种类的多样化（各种功能的产品如装饰用清水墙砖、轻质保温隔热砌块和砖、铺路砖、特殊用途的工程砖、隔墙砖、文化砖——是指能构成特殊要求的建筑形式和文化色彩、楼板砖、条板砖、模板砖等）、工厂规摸的大型化、生产企业的集团化、产品功能开发的科学化（孔洞排列及形状、微孔形成剂的使用）、装备水平的高科技化（现代控制技术武装的新型机电一体化设备：如切、码、运系统设备、机器人、上下架系统设备、挤出过程的模拟及 PSM 软件等），所有这些构成了西欧及其发达国家现代砖瓦厂的特征。

在国外特别是欧洲，现在主要的开发方向，是生产具有高保温性能、大规格的烧结空心砌块。例如欧洲的“波罗顿”（Poroton）砖，单层外砖墙使用的产品其容重为 700～1000kg/m^3，导热系数为 0.14～0.30W/(m·K)。这种结构与外墙外保温体系相比，其优点隔热保温性能好、施工（装配）容易、结构安全性好、耐久，建筑形式的改变容易，而且也是现阶段造价最低的一种低能耗建筑结构体系的围护材料。国内开发的多排密孔的烧结保温空心砌块，导热系数可达到 0.2W/(m·K）左右，容重也达到 700～900kg/m^3，抗压强度达到 MU15。

我国加气混凝土与国外相比，相同密度的产品强度平均要低 30%～40%，当前我国建筑市场上加气混凝土合格品占其总量约 80%～90%，优等品的产量很少，B05 级合格品强度为 2.5MPa 左右，B06 级合格品强度 3.5MPa 左右，可见我国建筑应用的加气混凝土强度明显不高。相比其他国家或地区，无论欧美或日本，甚至于中国台湾地区，标准规定体积密度 500kg/m^3 的加气混凝土强度是 4.0MPa，出厂强度都要达到 4.5MPa；体积密度 600 kg/m^3 的加气混凝土强度都是 5.0～6.0MPa。目前我国在加气混凝土应用中，之所以容易产生开裂、空鼓和剥落等弊病，无不与加气混凝土本身强度偏低、抵抗应变的能力较弱有关，因此我国加气混凝土的品质提高，重在发展低密度高强度的加气混凝土产品。

据《建材工业“十二五”发展规划》，到 2015 年，新型墙体材料需求为 5700 亿块，占墙体材料的比重为 65%，其中建筑板材占墙体材料的比重为 20%以上。而日本板材占墙体材料用量 64%、美国占有 47%、德国占 41%、波兰占 41.7%、东南亚国家占 30%以上。

三、标准解读及关键指标分析

1. 标准总体情况

标准总体情况见表 2。

表 2　标准总体情况

序号	标准名称	执行标准	标准实施日期	标准性质
1	烧结多孔砖和多孔砌块	GB 13544—2011	2012—04—01	强制性
2	承重混凝土多孔砖	GB 25779—2010	2011—11—01	强制性
3	烧结空心砖和空心砌块	GB 13545—2003	2003—10—01	强制性
4	蒸压加气混凝土砌块	GB 11968—2006	2006—12—01	强制性
5	砌墙砖试验方法	GB/T 2542—2003	2003—10—01	推荐性
6	混凝土小型空心砌块试验方法	GB/T 4111—1997	1997—11—01	推荐性
7	蒸压加气混凝土性能试验方法[a]	GB/T 11969—2008	2009—03—01	推荐性
8	建筑材料放射性核素限量	GB 6566—2010	2011—07—01	强制性
9	绝热材料稳态热阻及有关特性的测定 防护热板法	GB/T 10294—2008	2009—04—01	推荐性

[a]蒸压加气混凝土干燥收缩值试验方法应采用标准法。

2. 关键指标分析（具体指标含义及要求）

（1）强度等级（强度级别）

指产品的抗压强度。烧结多孔砖、承重混凝土多孔砖、烧结空心砖和空心砌块为 10 块试件的抗压强度，蒸压加气混凝土砌块为分别在 5 块产品的中间部分各切取 3 块 100mm 见方的立方体 5 组共 15 块试件的抗压强度。将抗压强度实测值、平均与相应标准比较，平均值、最小值等均达到或超过该等级要求即为该等级合格。现行标准烧结多孔砖最低 MU10 级、混凝土多孔砖最低 MU15 级，即通常意义上讲平均值要超过 10MPa 或 15MPa，烧结空心砖和空心砌块及蒸压加气混凝土砌块强度等级指标与体积密度等级挂钩，即不同体积密度有不同强度等级指标。该指标是材料最基本的性能指标，不合格的危害是显而易见的，尤其对砖类承重作用的材料，将威胁到人身财产安全。

（2）抗冻性或抗风化性能

这是综合反映产品抵抗自然界风霜雨雪尤其冬季温度变化引起材料性能下降的指标。该指标是一个反映产品耐久性或寿命方面的综合指标，最常规的试验手段是进行冻融循环试验，经过试验前后的试样外观、质量、强度对比判定是否合格，该指标不合格的危害是直接影响建筑物的使用寿命和安全性。现行标准规定，烧结多孔砖、烧结空心砖和空心砌块冻融试验后每块砖样不允许出现裂纹、分层、掉皮、缺棱掉角现象；混凝土多孔砖冻融循环试验后质量损失不应超过5％，强度损失不应超过25％；蒸压加气混凝土砌块冻融试验后质量损失不应超过5.0％，冻后强度平均值不应低于同等级强度的最小值。

（3）吸水率

该指标是衡量材料结构紧凑、致密性的简易指标，指材料在一定吸收水分的条件下，所吸收水分重量占材料本身重量的比例。烧结空心砖和空心砌块现行标准中的吸水率以5块试样的3h沸煮条件下吸水率的算术平均值表示，合格品等级根据产品主要条件不同依次不能超过20.0％或24.0％。

（4）干缩率或干燥收缩值

指将试件泡水一定时间（接近饱水）后取的置于干燥试验环境中干燥至尺寸或质量变化量很小，饱水后至干燥完成之间试件尺寸收缩变化的绝对值占干燥试件长度本身的比率，这是衡量材料吸水至脱水干燥过程尺寸收缩变化这一物理性能基本性能指标，也反映了墙体材料砌筑成墙体后引起墙体开裂的直接倾向性。现行标准规定，混凝土多孔砖干燥收缩率不应大于0.045％，蒸压加气混凝土砌块标准法测定干燥收缩值不应大于0.50mm/m。

（5）泛霜

对于烧结粘土制品在吸收水分后逐渐干燥的过程中会将制品内部可溶性盐成份的物质带至制品表面，形成俗称“泛白”或“泛碱”的现象，这就是烧结粘土制品的泛霜现象。现行标准规定，烧结多孔砖、烧结空心砖和空心砌块合格品等级的产品不允许出现严重泛霜。泛霜现象的危害是造成制品表面掉屑、粉化，影响产品的耐久性能。

（6）石灰爆裂

烧结制品中石灰石颗粒遇水体积膨胀将制品表面或边角“炸开”的现象，就称为石灰爆裂。现行烧结多孔砖、烧结空心砖和空心砌块标准中石灰爆裂的鉴别，是将一组 5 块试样在蒸煮箱中的蒸汽环境下人为制造造成石灰爆裂的条件，然后将产生爆裂的点数和面积计数进行判定，两种产品的技术指标要求均为：①最大破坏尺寸大于 2mm 且小于等于 15mm 的爆裂区域，每组试样不得多于 15 处。其中大于 10mm 的不得多于 7 处；②不允许出现最大破坏尺寸大于 15mm 的爆裂区域。出现这种产品缺陷的危害是影响产品外观和墙面粉刷，程度不严重时，间接影响耐久性能，程度严重时直接影响力学性能和耐久性能。

（7）碳化系数

混凝土的碳化是混凝土所受到的一种化学腐蚀。空气中 CO_2 气渗透到混凝土内，与其碱性物质起化学反应后生成碳酸盐和水，使混凝土碱度降低的过程称为混凝土碳化。碳化系数是为了衡量砖类混凝土制品耐久性能设置的指标，其值实际为经过人工碳化试验箱碳化后的一组试样，与正常试验环境放置的另一组试样的抗压强度平均值之比，现行承重混凝土多孔砖标准规定：碳化系数应不小于 0.85。碳化系数不合格直接影响到承重混凝土多孔砖砌体的后期强度和耐久性能。

（8）软化系数

软化系数是材料耐水性性质的一个表示参数，其值越大，表明材料的耐水性越好。长期处于水中或潮湿环境的重要建筑物或构筑物，必须选用软化系数大于 0.85 的材料。软化系数的大小对建筑工程的质量有直接影响，因此在严重受水浸蚀或处于潮湿环境下的建筑物，应选择高软化系数的建筑材料。现行承重混凝土多孔砖标准规定：软化系数应不小于 0.85。碳化系数不合格直接影响到承重混凝土多孔砖砌体的后期强度和耐久性能。

（9）孔型孔洞率及其孔洞排列

为提高隔热、保温性能，砖类材料成型时人为制造有不同形状排列的孔洞，砌筑后形成相对密闭的空气夹层来提高热工性能，孔洞所占整个产品体积的百分率即为孔洞率，孔洞的形状及布置排数即为孔型及其排列。生产过程中，经过详细计算的孔洞排列已定，制造孔洞的芯头模具磨损就成为孔洞率逐渐减小的最主要原因。现行标准规定，烧结多孔砖孔洞率不低于 25％，混凝土多孔砖孔洞率不低于 30％，烧结空心砖和空心砌块不低于 40％。孔洞率指标不合格不仅影响产品的热工性能，而且会大幅增加烧结制品单位烧成所需的煤耗。

（10）干密度或密度等级

同人为制造明显孔洞的道理相同，有的材料通过制造工艺在材料形成本身多微孔或细蜂窝状细小孔洞来显著提高保温性能，此时衡量单位体积所具有的质量大小（即体积密度）就成为比较细微孔多少的标志，质量越轻、细微孔越多，保温性能越好。现行标准规定，烧结空心砖和空心砌块密度等级分为800、900、1000、1100级，蒸压加气混凝土砌块分B03～B08级，而且为了体积指标的合理性，密度等级与强度等级挂钩，即密度等级越大，要求的强度也就应越高。

（11）导热系数

直接衡量产品保温性能的指标，指一定条件下，材料传递热量的大小，导热系数越小，保温性能愈好。通常情况下，材料含水率和密度较低时，导热系数较小。现行蒸压加气混凝土砌块标准规定，干密度等级不同，导热系数的要求不同。如最常用的B06级合格品，干密度不应超过625kg/m^3，其导热系数不应超过0.16W/(m·K)。导热系数指标是反映产品节能性最直接的指标，该指标不合格的危害就是产品失去节能性产品本身应具有的意义，产品就混同为一般产品。

（12）放射性

放射性物质引起人体内脏受损致病甚至不明原因死亡的近些年的报道见多，我国参照国际惯例将包括放射性、甲醛释放量、胶粉剂中的苯等10项有害物质作为强制性国家标准发布实施，以保障居住环境人民群众健康安全。现行放射性国家标准号及名称为：GB 6566—2010《建筑材料放射性核素限量》，它规定了建筑材料中天然放射性镭、钍、钾元素的限量，表达式分别为内照射指数I_{Ra}和外照射指数I_r。对于本次抽查的具体产品，烧结多孔砖、烧结空心砖和空心砌块、混凝土多孔砖的内照射指数不应超过1.0，外照射指数不应超过1.3，蒸压加气混凝土砌块的内照射指数和外照射指数应同时不超过1.0时，就认为这几种新型墙体材料的使用对人体健康是无害的。

四、常见的主要问题

近5年国家监督抽查不合格项目统计见表3。

表3 近5年国家监督抽查不合格项目统计表

不合格项目类别	5年合计抽查不合格项目占不合格总数比例/%
力学性能（强度等级）	33.6
耐久性能（抗冻或抗风化性能、干燥收缩值或干燥收缩率、泛霜、石灰爆裂）	21.3
节能性能（孔型孔洞率及孔洞排列、密度等级、导热系数）	43.2
安全性能（放射性）	1.9

抽查不合格项目数据表明：新型墙体材料（砖和砌块）产品的力学性能、耐久性能、节能性能和安全性四大类A类项目（极重要质量项目）均有不合格的现象出现，说明造成新型墙体材料（砖和砌块）质量不合格的原因是多方面的，具体分析如下：

1. 强度等级

强度是评价新型墙体材料制品内在质量的关键指标，是结构承载的必备条件。其强度高低直接影响建筑结构的承载能力和抗震性能，关系到人身财产的安全。抽查有的产品的强度等级项目实测值仅为相应标准规定值的50%～60%。造成以上不合格的原因：(1) 设备成型机压力不够；(2) 原料质量发生波动未及时调整工艺配合比；(3) 养护时间不足；(4) 加气混凝土砌块类制品水泥掺量不足。

2. 抗冻性（抗风化性能）

抗冻性是新型墙体材料的一项重要指标，与强度有密切关系。该指标不合格的产品抵抗自然界环境风化性能较差，不能满足建筑物各方面性能及使用要求，直接影响和危害建筑物的使用寿命和安全性。重则会在几年内造成建筑物损毁，甚至发生结构坍塌。抽查中有的产品冻融试验后出现裂纹、分层、掉皮、缺棱掉角现象，冻后强度会达不到标准规定要求，个别甚至冻后呈酥散状。造成以上不合格的原因与强度不合格原因基本一致，见图5。

3. 石灰爆裂

石灰爆裂是指烧结制品中的石灰石颗粒成分，与水接触发生反应体积膨胀造成制品表面或边角爆裂的现象。抽查中有1种烧结空心砖和1种烧结多孔砖

a）

b）

c）

图 5　蒸压加气混凝土砌块冻融循环后冻坏的试样

项目不合格。轻度的石灰爆裂会造成制品表面破坏和墙体面层脱落，严重的石灰爆裂会直接破坏制品及砌筑墙体的结构，造成制品及砌筑墙体强度损失，甚至崩溃。造成不合格的主要原因是未能控制原材料中碳酸钙、碳酸镁等有害杂质含量。

4. 吸水率

吸水率是衡量烧结类产品密实度的一项指标，吸水率越小，制品越密实，强度也越高。吸水率大，反映出材料内部结构空隙多，产品耐久性能差。本次抽查中有 2 种烧结空心砖产品吸水率超标。造成烧结类制品吸水率不合格的主要原因有：一是烧结砖焙烧温度控制不当，产品未形成良好的烧结状态，导致强度低、吸水率大；二是企业质量控制能力存在较大的差异，尤其是小型企业未建立有效的产品质量控制制度，未实施过程控制，如搅拌机搅拌时间偏少，养护工艺不合理，成型机压力偏小，配比不合适。

5. 孔型孔洞率及孔洞排列

孔型孔洞率及孔洞排列直接影响到新型墙体材料轻质、高强及建筑节能的性能，该项指标不符合标准要求，轻则使建筑物保温隔热性能大幅下降，重则设计与实物质量不符，造成建筑结构负载超标。本次抽查中有砖类 7 种产品孔洞率不合格，部分产品孔洞率实测值仅达到相应标准规定值的 80%。造成以上不合格的原因：一是未按标准要求选择模具；二是模具磨损后未正常维修。

6. 密度等级

密度等级是为了满足建筑物空间围护使用的隔热保温、隔声吸音、减轻自重等方面特性而设立，这项指标直接影响到新型墙体材料轻质、高强及建筑节能的性能，密度等级超标，轻则使建筑物保温隔热性能大幅下降，重则设计与实物质量不符，造成建筑结构负载超标。造成以上不合格的原因：企业在生产过程中对加气混凝土砌块的配比掌握不熟练，原料中的发泡剂、稳泡剂质量较差；为了满足烧结空心砖类产品强度等级而忽视了密度等级。

7. 导热系数

导热系数是衡量产品保温隔热性能的重要指标，指一定条件下，材料传递热量的大小，导热系数越小，保温性能越好。通常情况下，材料含水率和密度较低时，导热系数较小。导热系数是反映产品节能性最直接的指标，该指标不合格，将降低产品建筑保温隔热性能。造成以上不合格的原因：一是部分企业对原材料质量控制不严；二是原材料工艺配比不合理，过于注重强度等级，使得产品密度超标，从而造成产品保温隔热性能下降。

新型墙体材料（砖和砌块）出现上述质量问题，从宏观和管理分析有以下内、外部因素：

（1）国家产业政策导向明确，但产业结构调整的进展步伐缓慢；

（2）有原材料价格波动影响因素，市场供求基本平稳，但市场监管不力、重数量轻质量现象导致经营环境不良；

（3）企业技术装备配置趋好，但投入不足带来的管理水平落后、自主创新乏力成为企业发展顽疾。

五、选购和使用提示

新型墙体材料目前主要有烧结类、水泥混凝土和硅酸盐三大类产品，其涉及的产品品种有砖（含多孔）和砌块等 20 余种，由于采用不同的原材料和不同的生产工艺，因此各种产品本身的特性不一，应用范围也不尽相同。为正确选购、使用新型墙体材料，专家建议应注意下一些问题：

1. 选购提示

（1）应选购如强度等级、密度等级等主要指标符合建筑设计部门或图集的技术要求的产品。个别有特殊要求的，如收缩值（率）、导热系数和调整产品档次等，需要提前订购。要充分考虑到新型墙体材料生产企业生产周期较长，调整工艺配方略慢的特点。

（2）尽量选购当地大、中型生产企业的产品。

（3）要求生产企业提供检验报告和产品说明书。最好提供具有相应资质的质检机构出具的型式检验报告，或提供具有涵盖验收规范及图集强调检验项目的近期委托检验报告。

2. 使用提示

（1）对进入工地现场的材料，使用前应送有相应资质的质检机构进行送样或抽样检验，确保进场材料的质量前后如一。

（2）按照产品说明书和相应的应用技术规程正确施工。因为新型墙体材料产品有别于传统墙材产品，为了更好地发挥新型墙体材料的特性，在新产品研发和使用环节上有相应的配套技术措施，如专用砂浆、专用辅料，专用的粘结料、专用表面处理剂及砌筑方法等，这些配套技术在使用图集上不一定尽现。如果仍旧按照惯例笼而统之使用，将引起如墙面开裂、隔热保温性能不达标等质量问题，影响工程的使用和验收，又会产生质量纠纷。

（3）施工使用实际中发现的如尺寸模数、孔型孔洞、榫头榫槽接缝问题，应及时召回生产供货方，形成沟通，有利于尽快解决问题。

（由国家建筑材料工业墙体屋面材料质量监督检验测试中心陆晓斌撰稿）

地　毯

一、产品简介

中国地毯是世界地毯发祥地之一，已有近 3000 年的发展历史，是我国传统手工艺品和传统对外贸易产品。因其独特的民族艺术传统和精湛的手工技艺而驰名中外。

目前我国地毯产品按大类别分为两大类，第一类是手工地毯；第二类是机制地毯。

第一类：手工地毯又分为手工打结栽绒地毯和手工簇绒胶背地毯。

手工打结栽绒地毯是通过经纬棉纱线的交织，每个绒头用羊毛纱人工打结的方法，打成 8 字结或马蹄结，双结编织的块状地毯，按打结编织的密度分为每平方英尺 90 道、120 道、150 道、200 道等。以人造丝或桑蚕丝为原材料可编织到 500 道～1000 道，这种地毯我国大部分出口欧美市场，国内市场用量甚微，一般在较高档的会议厅或装修档次较高的家庭装饰使用。

手工簇绒胶背地毯是利用手工专用枪刺工具，将纱线刺入底基布形成绒头，在毯背涂敷胶粘剂固定绒头的块状地毯。绒头原料大都使用纯羊毛、羊毛混纺、腈纶、涤纶、人造丝及其他纤维材料。这种地毯物美价廉、使用广泛，不仅出口量较大，而且在国内市场也比较畅销，大部分用于会议厅、宾馆饭店和装修中档的家庭铺地点缀的装饰毯之中。

第二类：机制地毯自20世纪80年代开始国内引进国外的织机，到90年代发展比较迅速。机制地毯是通过织机使绒头纱线与毯基经纬线交织形成绒头或将纱线通过簇绒机刺入基布形成绒头列的地毯，从地毯织机编织工艺名称上分为威尔顿、阿克明斯特、簇绒地毯，由于是使用机器编织而成，地毯的幅宽有2m、3.66m、4m三个规格，整卷包装。还有用簇绒、机织、针刺地毯，切割成50cm×50cm，后背敷涂PVC或沥青的块毯，这种地毯的绒头材料有羊毛、尼龙、羊毛尼龙混纺和丙纶等。该产品少部分出口，大部分都销往国内的宾馆、饭店、宴会厅、影剧院、写字楼等适用于满铺的场所。

二、行业概况

我国地毯产业自改革开放以来，随着工业化进程的不断发展，逐步引进织机的机织地毯得到了迅猛发展，同时手工地毯也在世界上占有一席之地。

目前我国地毯产业分布基本形成了东部沿海以机制地毯为主，中部地区以机制和手工同步发展为主，西部地区以手工地毯为主的格局，产业主要分布在天津、山东、浙江、江苏、河南、河北、广东、青海、新疆等地区。据有关资料的不完全统计，全国规模以上手工地毯企业260余家，2010年中国地毯出口总量约5.6亿m^2，出口总额约19.57亿美元。机制地毯规模以上企业130余家，2011年中国机制地毯总产量为22353.79万m^2，出口仅占我国地毯出口总量的15.03%，大部分产品销往国内市场。

三、标准解读及关键指标分析

1. 地毯标准总体情况

截至2012年9月，ISO/TC 219国际铺地物技术委员会已经正式发布国际标准73项，其中与纺织铺地物相关的国际标准45项，不同程度转化为我国标准的有24项。

我国的地毯标准按织造工艺分为机制地毯标准、手工地毯标准和地毯用原辅材料标准。美国的地毯标准按家用地毯和商用地毯进行分类。欧盟的地毯标准按有绒头地毯和无绒头地毯分类。日本的地毯标准分类同我国相似是按地毯的织造工艺分类。此外，我国的地毯标准按标准类别不同，又分为基础标准、产品标准和试验方法标准。按标准性质又分为强制性标准和推荐性标准，我国大部分地毯标准都是推荐性的，仅有 2 个强制性标准，分别是：GB 18587—2001《室内装饰装修材料 地毯、地毯衬垫及地毯胶粘剂有害物质释放限量》和 GB 28476—2012《地毯使用说明及标志》。截至 2012 年 9 月，已发布实施的中国地毯标准共计 42 项，其中国家标准 22 项，行业标准 20 项。

2. 关键指标分析

（1）性能指标

地毯产品性能指标主要涉及铺装的效果、美观程度、舒适程度、耐用程度等。

1）纤维成分含量：指地毯使用的纤维种类及各种纤维的比例，它直接影响地毯的价值、使用的舒适度、适用的场所。采用标准 GB/T 2910—2009《纺织品定量化学分析》进行分析。

2）色牢度：主要考核染料的附着程度，尤其是地毯经过水洗、日晒、摩擦后色泽发生变化的程度，直接影响使用的效果和美观度。采用标准 GB/T 3920—2008《纺织品　色牢度试验　耐摩擦色牢度》和 GB/T 8427—2008《纺织品　色牢度试验　耐人造光色牢度：氙弧》进行测试。

3）外观保持性：主要是指地毯在长时间和一定重力的踩踏下发生外观变化的程度，直接影响使用的寿命和质量。采用标准 GB/T 26844—2011《地毯　利用威特曼鼓轮和六足滚筒产生外观变化试验》进行测试。

（2）安全指标

1）挥发性物质

挥发性物质种类很多，一般都是些低沸点的有机物，如甲醛、苯乙烯、4-苯基环己烯等。相关标准有国际标准化组织制定的国际标准 ISO 10580：2010《弹性、铺地物和浸渍纸层压木地板—易挥发有机化合物（VOC）排放的检测方法》

2）有害染料

目前有检测要求的有害染料主要有禁用偶氮染料、致癌染料和致敏染料等。偶氮染料本身并无致癌性，在人体的正常代谢所发生的生化反应条件下，可能发生还原反应而分解出致癌芳香胺，并经过人体的活化作用改变 DNA 结构，引起人体病变和诱发癌症。与禁用偶氮染料在还原条件下才释放致癌芳香胺物质不同，致癌染料本身具有致癌性，目前国内外主要致癌染料有酸性红 26、碱性红 9、直接黑 38、直接蓝 6、直接红 28、分散蓝 1、分散黄 3、分散紫14和分散橙11。目前相关标准规定的致敏染料都是分散染料，Oeko-Tex100中规定的致敏染料有21种，相关的检测标准主要有GB/T 20383《纺织品 致敏性分散染料的测定》。

3）重金属残留

使用金属络合染料是纺织品上重金属的重要来源，此外天然植物纤维在生长过程中也可能从土壤或空气中吸收重金属。重金属对人体的累积毒性是相当严重的。重金属的检验目前已越来越受到重视，在Oeko-Tex100标准中对生态纺织品中锑(Sb)、砷(As)、铅(Pb)、镉(Cd)、铬(Cr)、六价铬(Cr(Ⅵ))、钴(Co)、铜（Cu)、镍（Ni）和汞（Hg）的含量都规定了限量。

4）农药和杀虫剂残留

地毯使用的天然纤维在运输储存过程中有可能因使用杀虫剂带来残留，如何保证其残留在有害范围之内是各方普遍关注的问题。地毯中常见的农药残留有有机氯、含磷有机杀虫剂、拟除虫菊酯类和毒杀芬等。GB/T 22282—2008《纺织纤维中有毒有害物质的限量》中对此做了规定。

5）阻燃性

安全性首先突出了防火要求，各国根据纺织铺地物铺设的建筑类别和场所，对耐燃性规定了不同等级的防火要求。GB 8624《建筑材料及制品燃烧性能分级》和GB 20286《公共场所阻燃制品及组件燃烧性能要求和标识》也对铺地制品的燃烧性能等级和技术指标进行了明确要求。

四、常见的主要问题

2002年~2012年，国家质检总局先后6次组织开展了地毯（包括：簇绒地毯、机织地毯）产品国家监督抽查工作，抽查中发现的主要问题如下：

1. 燃烧性能-临界热辐射通量

目前我国地毯的生产，多以合成化纤纤维为主要的原材料，其产品使用的安全性首先突出了防火要求，按照相关标准的规定，对地毯产品进行燃烧性能-临界热辐射通量的检验与控制，考核产品在规定点燃时间内，试件上火燃传播最远距离，是衡量产品燃烧性能好与坏的重要项目，即合格的阻燃制品在公共场所和室内使用，可以减少火灾的危险性。

有的地毯产品的安全防火性能差，多采用合成化纤的丙纶纤维织作的地毯，且未进行阻燃处理，如果这样的产品流入市场和使用，势必给消费者的生命及财产带来安全隐患。

究其原因是生产企业对国家安全防火强制性标准的规定了解不清，未能引起足够的重视，导致安全防火性能差的产品流入市场。

建议消费者在购买地毯的同时，应向经销商索要符合国家安全防火标准的检验报告。

2. 色牢度

色彩多样的地毯产品吸引着消费者的喜爱，其色牢度质量将直接影响到地毯产品的使用效果。造成地毯产品色牢度不合格原因，是企业对购置的原材物料没有严格的把关措施，体现在自检能力薄弱，其质量控制只停留在产品的外观质量检查，不能很好地控制其产品内在质量，造成产品质量不稳定，出现不合格现象。

建议消费者在购买地毯时，用手或试布在毯面上反复摩擦数次，看手或试布上是否沾有颜色，如沾有颜色，则说明该产品的色牢度不佳，导致地毯在铺设使用中易出现变色和掉色，而影响地毯在铺设使用中的美观效果。

3. 绒簇拔出力

绒簇拔出力是考核地毯毯面纤维粘接牢度，以保证产品的毯面结构和抗踩踏舒适的使用效果。有的产品的绒簇拔出力不合格，究其原因，一是反映出企业对购置的胶乳质量未能严格把关；二是企业为了降低成本，技术工艺配方调配不合理，导致胶乳粘结力值未达到标准的指标要求，这样的地毯产品在使用中易出现毯面纤维的脱落，而影响地毯的使用性能。

五、选购和使用提示

地毯作为室内装饰装修材料之一，以其美观舒适、古朴典雅的风格及保温、隔音、吸尘、防潮等特点，给人们的生活增添了温馨，深受消费者的喜爱。目前市场上销售的地毯分为机制地毯和手工地毯两大类产品，在此介绍一些挑选及保养地毯的小知识。

1. 选品种

（1）簇绒地毯：多采用合成化纤（包括：丙纶纤维、涤纶纤维、尼龙纤维或混纺纤维）使用排针簇绒机将绒纱刺入基布，形成 U 字状绒簇，再于后背涂胶，粘合底布而形成簇绒地毯。此类产品用途广，美观耐用，价格适中，属普及型中档机制地毯。

（2）机织地毯（包括阿克明斯特地毯和威尔顿地毯）：多采用羊毛纤维、尼龙纤维、混纺纤维或丙纶纤维使用地毯织机，将绒头纱线与毯基经纬线交织在一起而形成机织地毯。此类产品的绒头细密，华丽舒适，属机制地毯中的高档产品。

（3）针刺地毯：多采用合成化纤（包括：涤纶短纤、丙纶纤维）利用针刺法对纤维网进行穿刺，使纤维互相缠结成毡片状，经热熔或胶粘毯背加以固结而生产的针刺地毯。此类产品适用于更换周期频繁的公共场所，属机制地毯中的低档产品。

（4）拼块地毯：多使用簇绒毯，经背面粘合衬材加固层后切割成类似瓷砖形状的拼块地毯。此类产品具有铺设、拼接图案新颖、更换清洗方便等优点，多用于办公场所及公共场所使用，属机制地毯中普及型的中档产品。

（5）浴室毯：适用于家庭浴室的使用，其特点为轻便新颖，具有良好的防滑性和耐水性。

（6）手工打结羊毛地毯、手工枪刺胶背地毯、手工打结藏毯、手工编织-奥比松-皇宫地毯、手工打结真丝地毯则属室内高档的装饰品。

消费者在选择地毯时应根据每个家庭的消费水平和爱好来选择不同档次的地毯，各种地毯产品见表1。

表1　各种地毯产品图示

产品名称	产品图形
簇绒地毯	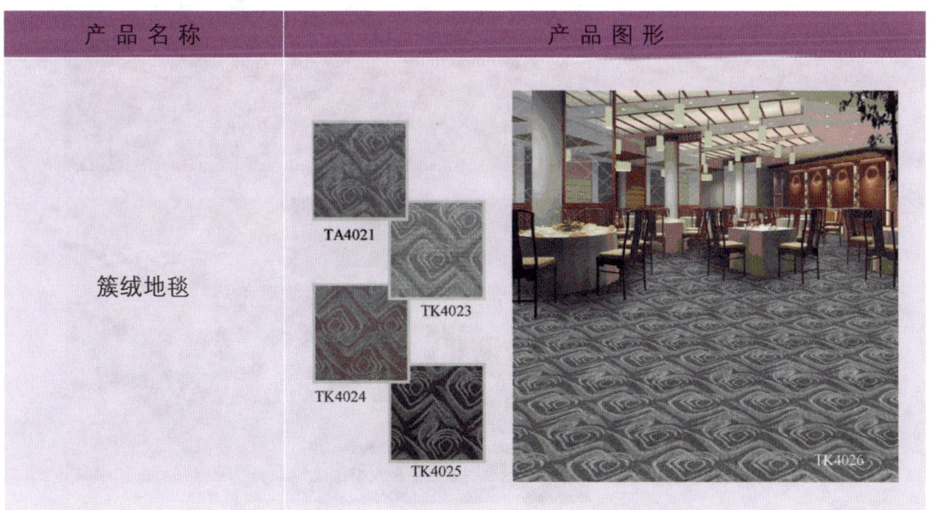

表 1（续）

产品名称	产品图形
阿克明斯特地毯	
威尔顿地毯	
拼块地毯	

表 1（续）

产品名称	产品图形
针刺地毯	
浴室毯	
手工打结羊毛地毯	

表 1（续）

产品名称	产品图形
手工枪刺胶背地毯	
手工丝毯	

2. 看标签

选择地毯的同时，应查看地毯标签的标注内容，按照国家标签标准的要求真实地标注：产品名称、注册的商标、毯面纤维名称及含量、地毯的绒头厚度(mm)、地毯毯基以上的绒头质量（g/m^2）、产品的耐燃性、产品的尺寸规格、产品执行的标准代号、产品的质量等级、产品的生产日期、手工地毯的绒头长度及载绒道数、生产者的名称和地址、产品的特殊性能要求信息（如：地毯产品的抗静电性、阻燃性及防虫蛀性）等内容。

消费者在查看地毯标签标注的同时，可以向经销商索要该批产品的品质检验报告（尤其是“阻燃性能”和“单位面积绒头质量”项目，只有通过实验室的检验，才能判定是否符合标准的规定要求）。

3. 选花色

地毯花色的选择应与铺设的场所和房间的功能相适应。通常卧室的陈设比较简单，可选择图案色彩搭配得当、花型小、视觉安静、温馨的满铺地毯。客厅可选择图案花型较大、视觉开阔的高档次的采用羊毛纤维或尼龙纤维编织的块毯。书房可选择图案色泽清新淡雅或素色质感的满铺地毯。餐厅应考虑受饮料、食品污染的机率较大，应选择艳丽多色花纹图案的满铺地毯。而走道、多功能游艺厅、长廊等公众走动密集的公共场所，则应选择多色且大花型图案、耐磨性能好的簇绒圈绒地毯。

4. 重品质

地毯产品质量的优与劣，主要靠检验数据来判定，但也有一些简单经验性的选择方法。

（1）看回弹性

主要体现地毯的舒适性，消费者可用手去触摸地毯，产品的绒头质量高，毯面的密度就丰满，这样的地毯弹性好、耐踩踏、耐磨损、舒适耐用。这里提醒消费者千万别挑选长毛绒的地毯，这种地毯表面上看起来绒绒乎乎好看，但绒头密度稀松，绒头易倒伏变形，这样的地毯不抗踩踏，易失去地毯特有的性能，不耐用。

（2）看色牢度

色彩多样的地毯，质地柔软，美观大方。选择地毯时，可用手或试布在毯面上反复摩擦数次，看手或试布上是否沾有颜色，如沾有颜色，则说明该产品的色牢度不佳，导致地毯在铺设使用中易出现变色和掉色，而影响地毯在铺设使用中的美观效果。

（3）看外观质量

消费者在挑选地毯时，要查看地毯的毯面是否平整、毯边是否平直、有无瑕疵、油污斑点、色差，尤其选购簇绒地毯时要查看毯背是否有脱衬、渗胶等现象，避免地毯在铺设使用中出现起鼓、不平等现象，从而失去舒适、美观的效果。

5. 日常保养

（1）日常吸尘

地毯逐渐被脏污的原因，主要是人们踩踏而带来的室外灰尘等污物，定期使用吸尘器作吸尘清洁，可及时去除地毯表面的尘土和减少室内浮尘，使地毯保持光洁如新，同时保证室内较好的空气质量。

（2）污渍清洗

1）如将墨水溅到地毯上，可在溅有墨水的地方，洒上少许细盐，再用拭布或刷子沾用洗衣粉溶液轻轻刷洗即可清除污渍。

2）如将咖啡洒到地毯上，可用拭布或刷子沾用5%的甘油水溶液轻轻刷洗即可清除污渍，若污渍清除的不彻底，可再用洗洁精溶液擦拭即可清除。

3）如将果酒洒到地毯上，可用拭布或刷子沾用洗衣粉溶液轻轻刷洗即可清除污渍。

4）如将酱油、植物油或果汁等洒到地毯上，可用拭布或刷子沾用洗洁精溶液擦拭即可清除污渍。

（由国家地毯质量监督检验中心郑卫、宁淑英撰稿）

胶合板

一、产品简介

胶合板是将三层或三层以上由原木旋切而成的单板，按照对称原则、相邻层单板纤维方向互为直角原则组坯胶合成的板材。与实体木材相比，胶合板具有木材利用率高、尺寸稳定性好、变形小、规格尺寸大、内部天然缺陷少、表面装饰美观、机械加工性能好等优点，是一种结构和性能优良的人造板材，见图 1、图 2。

胶合板的分类有多种，按用途分为普通胶合板和特种胶合板，包括混凝土模板用胶合板、集装箱底板用胶合板、结构用胶合板等，见图 3。

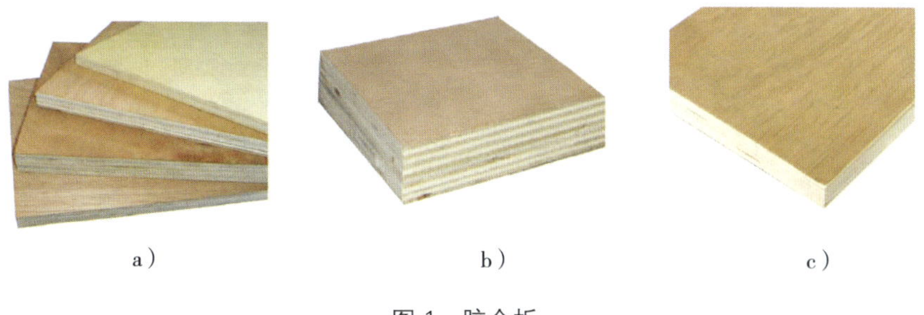

a）　　b）　　c）

图 1　胶合板

a）　　　　b）

图 2　饰面胶合板

a）混凝土模板用胶合板

b）集装箱底板用胶合板

c）结构用胶合板

图 3　特种胶合板

按耐久性分为干燥条件下使用胶合板（Ⅲ类胶合板）、潮湿条件下使用胶合板（Ⅱ类胶合板）和室外条件下使用胶合板（Ⅰ类胶合板）；按层数分为三层胶合板和多层胶合板。按甲醛释放量等级分为 E_0 级胶合板、E_1 级胶合板和 E_2 级胶合板；按表面加工状况分为未砂光板、砂光板、预饰面板、贴面板（装饰单板、薄膜、浸渍纸等），见图 4。

a）柚木贴面胶合板

b）装饰纸贴面胶合板

图 4　柚木贴面胶合板和装饰纸贴面胶合板

胶合板用途广泛，主要用于建筑、室内装饰装修、家具、包装材料、木地板、木门窗等。

二、行业概况

据不完全统计，我国从事胶合板生产的相关企业约5000多家，直接从事胶合板生产并具有一定规模的企业约2000家。这些企业主要分布在山东、江苏、河北、广东、浙江、广西、吉林等地，其中山东、江苏和河北3个地区的胶合板企业数量较多，山东集中在临沂市，江苏集中在徐州市，河北集中在廊坊市。山东是我国胶合板企业最多的省份，主要分布在临沂、菏泽等市，产量约占全国总量四分之一。江苏省胶合企业主要分布徐州、宿迁等市，其中江苏邳州市是我国知名的胶合板生产聚集地。河北省胶合企业主要分布在廊坊、邢台等地，其中廊坊市文安县是我国知名的胶合板生产聚集地。

中国胶合板产业经历了从无到有、从小到大的艰难发展历程，目前已在世界胶合板产业中占有重要地位。但是，中国只是胶合板大国，还不能说是胶合板强国。要变为胶合板强国，整个行业必须在现有基础上进行大幅度提升。目前存在的问题主要有：

（1）行业集中度低。据不完全统计，年销售额小于0.5亿元的小型企业占全部企业总数的90%以上，大型企业所占比例较低。

（2）产品质量稳定性有待提高。由于受资金和人才等条件限制，部分企业不能有效把握胶粘剂质量情况，不能合理调整和优化生产工艺，导致产品质量不稳定。另外，部分企业的涂胶机、热压机等设备的自动化程度和精度不高，性能不稳定，造成胶合板成品性能均匀性差，同一张板材的质量偏差较大。

（3）新产品、新技术缺乏。总体来看，我国胶合板企业数量庞大，但创新严重不足。除了少数企业开始生产装饰胶合板、结构胶合板、地板基材用胶合板等新产品外，多数企业应对市场变化的主要手段仍然是比拼价格，企业在品牌建设、研发资金投入、技术革新等方面差距较大，传统胶合板产品生产量过大，新型胶合板产品比例较小。随着市场竞争的加剧以及替代产品的不断出现，胶合板企业迫切需要在科技创新方面加大投入，加快企业的转型升级。

（4）缺乏专业人才和管理人才。总体上看，胶合板企业从业人员素质不高，缺少专业的高级技术人才和管理人才，而且胶合板企业人事管理制度不完善，人员流动大，这也在一定程度上影响了胶合板质量。小型企业比重大，其生产条件差、自动化程度和管理水平低，产品质量稳定性差。

近几年，胶合板市场疲软，企业经营出现不少困难，这一方面是由于国内坚持房地产调控、国际市场疲软等各种客观原因，另一方面就是与胶合板企业同质化严重、传统产品比例过高、新产品缺少有关，因此胶合板企业迫切需要进行产品结构调整，以满足消费者更高的需求。具体来说，可以从以下几个方面考虑：（1）高档装饰胶合板。在胶合板表面进行装饰，以适应家具、室内装修对胶合板的新要求；（2）环保胶合板。顺应人们对环保的重视，开发环保胶合板，应用于室内装修、地板基材等；（3）结构用胶合板。针对我国建筑用胶合板和国外结构用胶合板的需求，开发结构用胶合板；（4）包装用胶合板。积极开发食品包装用、仪器设备包装用等包装用胶合板。

三、标准解读及关键指标分析

1. 胶合板相关标准情况

胶合板用途广泛，产品种类较多，目前和胶合板相关的标准见表 1。

表 1　与胶合板相关的标准

标 准 号	标准名称
GB/T 9846.1～8－2004	胶合板
GB 18580—2001	室内装饰装修材料 人造板及其制品中甲醛释放量限量
GB/T 17657—1999	人造板及饰面人造板理化性能试验方法
GB/T 19367—2009	人造板的尺寸测定
GB/T 18101—2000	难燃胶合板
GB/T 13010—2006	刨切单板
GB/T 20241－2006	单板层积材
GB/T 19536—2004	集装箱底板用胶合板
GB/T 17656—2008	混凝土模板用胶合板
GB/T 22350—2008	成型胶合板
GB/T 13123—2003	竹编胶合板
LY/T 1599—2011	旋切单板
LY/T 1600—2002	混凝土模板用浸渍胶膜纸贴面胶合板
LY/T 1170—1995	茶叶包装箱用胶合板

2. 关键指标分析

（1）甲醛释放限量

甲醛是一种无色，具有强烈刺激性气味的气体，该项指标反映胶合板的环保性能。我国国家强制性标准 GB 18580—2001《室内装饰装修材料　人造板及其制品中甲醛释放限量》对胶合板进行了明确规定，将甲醛释放量分为 E_1 级和 E_2 级两个级别，其中 E_1 级≤1.5 mg/L，可直接用于室内；E_2 级≤5.0 mg/L，必须经饰面处理后可允许用于室内。

GB/T 9846—2004《胶合板》在 GB 18580—2001 基础上对甲醛释放量也进行了规定，该标准增加了 E_0 级，将胶合板分为 E_0 级、E_1 级和 E_2 级三个级别，其中 E_0 级≤0.5 mg/L，E_1 级≤1.5 mg/L，E_2 级≤5.0 mg/L。

（2）胶合强度

胶合强度反映了胶合板结构的稳定性和抵抗受力受潮开胶的能力。胶合强度不合格说明产品的胶合性能差，产品在使用中容易出现开胶、分层等问题。GB/T 9846.3—2004《胶合板　第 3 部分：普通胶合板通用技术条件》中将胶合板分为 3 类：I 类胶合板，即耐气候胶合板，供室外条件下使用；II 类胶合板，即耐水胶合板，供潮湿条件下使用；III 类胶合板，即不耐潮湿胶合板，供干燥条件下使用。GB/T 9846.3—2004《胶合板　第 3 部分：普通胶合板通用技术条件》中对不同类别的胶合板规定了不同的胶合强度指标值。此外胶合强度与胶合板使用的树种相关，GB/T 9846—2004 中规定 I 类和 II 类胶合板的胶合强度与树种有关，不同树种胶合强度指标值不同。

（3）含水率

GB/T 9846.3—2004《胶合板　第 3 部分：普通胶合板通用技术条件》中规定 I 类、II 类胶合板的出厂含水率应为 6%至 14%；III 类胶合板的出厂含水率应为 6%至 16%。含水率超标的产品在使用过程中容易受温湿度的影响产生变形、翘曲，直接影响产品的使用功能。

四、常见的主要问题

为保障胶合板产品的质量，维护广大消费者的合法权益，促进胶合板行业的健康发展，国家质检总局和地方技术监督局对胶合板产品质量进行多次监督抽查。自 2002 年以来，国家质检总局先后 7 次对胶合板产品质量进行国家监督抽查，发现的问题主要有：

（1）甲醛释放量

近几年，国家质检总局对胶合板产品的甲醛释放量进行了多次国家监督抽查，产品合格率逐渐提高，表明我国胶合板甲醛释放量整体控制意识和水平正在持续提高。但也发现部分企业生产的胶合板的甲醛释放量仍达不到标准要求，甚至个别企业的产品甲醛释放量出现严重超标现象。

产生甲醛超标的技术原因主要来自四个方面，甲醛释放量超标的技术原因主要源于以下四个方面：一是胶粘剂的配方不科学；二是制胶工艺控制不严；三是生产过程中，施胶量较大；四是热压工艺不过关。此外，行业中某些企业为降低成本，选用或制备质量不高的胶粘剂，并且企业缺乏完善的检验制度，特别是对甲醛释放量检验的能力不足，控制不严，从而造成产品该项指标超标。

（2）胶合强度

合强度和胶粘剂有着密切的关系，同时还和生产工艺、质量控制能力密切相关。胶合强度不合格的第一个原因是胶粘剂质量存在问题或者企业片面追求环保性能所至。部分企业为了追求利润和价格优势，会选择价格较低但质量没有保证的胶粘剂；有的企业片面追求胶合强度高，造成甲醛释放量超标；有的企业片面追求甲醛释放量低，造成胶合强度不合格。随着科技的发展，胶粘剂的制造水平不断提高，同时兼顾胶合性能和甲醛释放量性能都达标的胶合板用脲醛树脂生产制造技术已经比较成熟，但企业的质量意识和社会责任意识仍需提升。胶合强度不合格第二个主要原因是热压工艺不合理，当涂胶后的陈化时间、热压温度、时间、压力等参数不恰当时，就会影响胶黏剂的固化，自然也就影响了产品的胶合质量。第三，涂胶量不够或涂胶不均匀，也会产生胶合强度不合格的现象。

（3）含水率

含水率反映胶合板水分的含量，由于木材具有干缩湿胀的特性，过高或过低的含水率都会影响胶合板的尺寸稳定性。产生含水率不合格的原因主要来自两个方面，一是没有严格控制组坯单板的含水率；二是热压参数设定不合理。

五、选购提示

消费者在选购胶合板产品时，注意事项如下：

1. 看包装标识

查看样品合格证、生产许可证、执行标准、生产厂家名称、厂家地址、联系方式以及产品性能指标等级等。

2. 看外观

胶合板面板要平整光滑，无鼓泡、分层现象。优等品胶合板的面板应无死节、虫孔、裂缝、腐朽、叠层、透胶、补片等。一等品、合格品的面板、背板等要符合国家标准对胶合板外观的相关要求，此外，整张板应平整、无翘曲、边角应平直，整堆放置时，每张板之间应完全贴合。

3. 看侧面

通过侧面观察，可以确认各层单板的拼接是否严实，是否有叠层或离缝现象。通常，质量好的胶合板的表板和芯板平直，且各层单板间拼接严实，无叠层或离缝现象。

4. 量尺寸

测量胶合板长度、宽度和厚度尺寸，是否满足购买要求，尤其是胶合板厚度是否与标称厚度一致。板材厚度与成本密切相关。

5. 闻气味

由于在胶合板生产过程中，一般会使用甲醛基胶粘剂，因此其成品会或多或少地释放一定数量的游离甲醛，当游离甲醛含量超过一定限量时，会影响人体健康。检测胶合板的甲醛释放量是一个复杂过程，消费者可以通过以下方法简单初步地判断胶合板的甲醛释放量。首先，将未使用的胶合板堆放在一间小屋内，关闭门窗，存放 24h 后入室检查。若无刺鼻子气味则表明胶合板的甲醛释放量少，使用不会影响人体健康；若气味较大或有流泪感觉时，说明胶合板的甲醛释放量可能较高，建议送到有关部门检测并确认合格后使用。

6. 选环保指标等级

按甲醛释放量指标值，胶合板可以分为 E_0 级、E_1 级和 E_2 级三个级别，其中 E_0 级≤0.5 mg/L，E_1 级≤1.5 mg/L，E_2 级≤5.0 mg/L。根据对环保指标的要求与经济情况选择胶合板，不同环保等级胶合板价格差别较大。

7. 选树种

胶合板面板选用的树种不同，树种搭配不同，装饰效果不同，价格也存在差异。

（由国家人造板与木竹制品质量监督检验中心黄安民撰稿）

刨花板

一、产品简介

1. 刨花板定义

刨花板是指木材或非木材植物纤维原料加工成刨花（或碎料），施加胶粘剂并组坯成型并热压而成的板材（见图1）。

其原料主要来源于：（1）采伐剩余物（枝丫、梢头、小径木）或农作物收割后的剩余物（麦秸、稻草等）；（2）加工剩余物（板皮、板边、锯屑、亚麻屑、甘蔗渣等）；（3）回收木材（废弃的木家具、木质包装箱板、木质托盘、木质混凝土模板等）。另外，在刨花板生产过程中加入防火剂、防腐剂等化学药剂，即可生产出特种用途的刨花板，如防火刨花板等。

图1　刨花板

图2　刨花板为基材的浸渍胶版纸饰面人造板

2. 刨花板的用途

刨花板具有良好的物理力学和加工性能，还可以通过贴面等进行二次加工（见图 2），现已广泛用在家具、橱柜、音响、体育器材、室内装修、车船装修、包装、地板等方面。

3. 刨花板的分类

刨花板可进行如下分类：

（1）按制造方法分：平压法刨花板、辊压法刨花板。

（2）按表面状态分：未砂光板、砂光板、涂饰板、装饰材料饰面板。

（3）按表面形状分：平压板、模压板。

（4）按刨花尺寸和形状分：刨花板、定向刨花板。

（5）按板的构成分：单层结构刨花板、三层结构刨花板、多层结构刨花板、渐变结构刨花板。

（6）按所使用的原料分：木材刨花板、甘蔗渣刨花板、亚麻屑刨花板、麦秸刨花板、竹材刨花板、其他。

（7）按用途分：在干燥状态下使用的普通用板、在干燥状态下使用的家具及室内装修用板、在干燥状态下使用的结构用板、在潮湿状态下使用的结构用板、在干燥状态下使用的增强结构用板、在潮湿状态下使用的增强结构用板。

4. 刨花板的主要特点

（1）具有保温、隔热、隔音、绝缘等特性，在生产过程中通过使用改良胶种或加入改性剂，在防潮、阻燃、抗霉、抗白蚁等方面具有良好的功效；

（2）具有良好的抗弯性能、抗蠕变性能和尺寸稳定性，长时间使用不易变形；

（3）幅面尺寸大，品种规格齐全，表面光洁平整，板厚在 2.5～35mm 的较大范围变化，不需要在厚度上加工，材料利用率高；

（4）生产过程能耗低，原料来源范围广，除采用木材采伐剩余物、人工速生丰产林、次小薪材外，还可以利用木材加工剩余物或农作物剩余物等非木质原料；

（5）锯截、钻孔、开榫、砂光等机械加工性能好；

（6）施胶量少，环保性能好，在加工过程中容易控制板材的甲醛释放量，使产品达到更高的环保性能指标要求。

二、我国刨花板产业的行业概况

刨花板是我国主要的人造板产品之一，经过多年的发展，已形成了多种类、多规格、多用途且有一定规模的产业体系。目前，我国有已申办工业产品生产许可证的刨花板企业约300余家，其中，年产量≤5万 m^3 的小型企业占65%左右，年产量在5万～10万 m^3 的中型企业占30%，年产量≥10万 m^3 的大型企业约占5%。我国刨花板产区主要是华东地区，其次是华北和东北地区，西北地区和西南地区产量较少。刨花板企业较多的省份有广东、福建、四川、江苏、河北、广西、湖北、黑龙江、山东等。

2001年至今，我国刨花板产量以较快的速度发展。由于受到金融危机的影响，2010年刨花板年产量有所下降，为1264.20万 m^3，2011，刨花板产量有所回升，达到2559.39万 m^3，2012年，刨花板产量为2349.55万 m^3，预计未来数年我国刨花板产量仍将持续增长。

虽然我国刨花板生产近年来有了较快发展，但刨花板企业以中、小生产企业为主，产业的集中度不高，技术水平、生产规模及产量与欧美国家相比还存在着较大差距，产品质量和品种还不能满足市场需求，产品结构也不尽合理。这在一定程度上影响了我国木材综合利用率的提高。

三、标准解读及关键指标分析

1. 标准总体情况

随着我国刨花板产业的不断发展，刨花板标准体系逐步完善，已经颁布实施的刨花板相关标准共计14项，其中国家强制性标准1项，国家推荐性标准4项，行业标准9项，这些标准的制定与完善对提高刨花板的产品质量、促进行业发展起到了重要作用。

(1) GB 18580—2001《室内装饰装修材料　人造板及其制品中甲醛释放限量》中用于刨花板甲醛释放限量的测试方法与欧洲标准和国际标准是接轨的。

(2) GB/T 4897—2003《刨花板》主要规定了刨花板的定义、分类、统计计算和判定方法、测量及试验方法、检验规则、标记、包装、运输和贮存、标志等。本标准非等效采用欧洲标准EN 312：1997《刨花板》。

(3) GB/T 21723—2008《麦（稻）秸秆刨花板》、LY/T 1842—2009《竹

材刨花板》、GB/T 24312—2009《水泥刨花板》、LY/T 1598—2011《石膏刨花板》、LY/T 1856—2009《挤压法空心刨花板》、LY/T 1580—2010《定向刨花板》和 LY/T 1057—1991《船用贴面刨花板》等标准对各类特殊刨花板的定义、分类、技术要求、试验方法、检验规则、包装运输等进行了规定。

（4）GB/T 18264—2000《刨花板生产线验收通则》、GA 87—1994《防火刨花板通用技术条件》、LY/T 1530—1999《刨花板生产综合能耗》、LY/T 1804—2008《石膏刨花板生产线验收通则》、LY/T 1811—2008《定向刨花板生产线验收通则》、LY/T 5119—1998《刨花板工程设计规范》等是与刨花板的生产验收、安全环保等相关的标准。

2. 关键指标分析

刨花板产品质量的关键指标如下：

（1）密度和密度偏差

密度指试件质量与其体积之比，该项指标与刨花板强度有关，密度越高，刨花板的抗冲击和抗压能力等就越好。密度偏差是指同一张板内最大（或最小）密度与板的平均密度之差与板的平均密度的百分比，它反映产品性能的均匀性，板内密度偏差大会导致板材理化性能差异大，而且，还会引起板材的翘曲变形。GB/T 4897—2003 规定，刨花板出厂时的密度为 0.4～0.9g/cm^3，板内平均密度偏差为±8.0%。

（2）含水率

含水率指试件干燥前后质量之差与干燥后质量之比，该项指标与刨花板的尺寸稳定性有关。含水率较低时刨花板易吸湿膨胀，较高时易失水干缩。GB/T 4897—2003 规定，刨花板出厂时的含水率为 4%～13%。

（3）吸水厚度膨胀率

吸水厚度膨胀率指试件吸水后厚度的增加量与吸水前厚度之比，反映刨花板的耐水性能和尺寸稳定性，此值越高，刨花板的耐水性和尺寸稳定性越差。GB/T 4897—2003 规定，在干燥状态下使用的普通用板和在干燥状态下使用的家具及室内装修用板的 2h 吸水厚度膨胀率≤8.0%。

（4）静曲强度

静曲强度指材料在最大破坏载荷作用时的弯矩和抗弯截面模量之比，反映刨花板的承载能力和抗折断能力。在干燥状态下使用的普通用板和在干燥状态下使用的家具及室内装修用板静曲强度要求 GB/T 4897—2003 规定。

（5）表面结合强度

表面结合强度指试件表面层垂直于板面最大破坏拉力与试件胶合面积之比，它衡量的是刨花板表层刨花与芯层刨花间的结合质量。GB/T 4897—2003规定，在干燥状态下使用的普通用板的表面结合强度≥0.7MPa；在干燥状态下使用的家具及室内装修用板的表面结合强度≥0.8MPa。

（6）内结合强度

内结合强度指垂直于试件表面的最大破坏拉力和试件面积之比，反映刨花板内部刨花与刨花之间结合质量的好坏。在干燥状态下使用的普通用板和在干燥状态下使用的家具及室内装修用板的内结合强度要求见GB/T 4897—2003规定。

（7）握螺钉力

握螺钉力指拔出拧入规定深度的自攻螺钉所需要的力，它反映刨花板的加工性能，如与五金连接件间的连接能力等，该项指标不合格时，刨花板制品在使用过程中连接件会松动、脱落，导致产品不能正常使用。GB/T 4897—2003《刨花板》规定，在干燥状态下使用的的家具及室内装修用板，厚度≥16mm的板测定握螺钉力。板面握螺钉力≥900N，板边握螺钉力≥600N。

（8）甲醛释放量

目前，刨花板生产中所用的胶粘剂主要是以甲醛为主要原料生产的脲醛树脂胶，如果生产过程中残留在刨花板材中没有反应完全的的游离甲醛在使用时大量释放后会危及人体健康。GB 18580—2001对室内用刨花板的甲醛释放量的检验方法和限量值进行了明确规定，该标准规定使用穿孔萃取法检测甲醛释放量时，甲醛释放量等级分为E_1级和E_2级，其中，$E_1 \leqslant 9$mg/100g，$E_2 \leqslant 30$mg/100g，且E_2级必须经饰面处理并达到饰面人造板甲醛释放量标准后才允许用于室内。

四、常见的主要问题

根据历年刨花板产品的国家监督抽查结果，刨花板产品的主要问题及产生原因如下：

1. 个别产品表面质量差

刨花板的表面质量差是指表面有断痕、透裂、胶斑、石蜡斑、油污斑等污染点以及边角残损，这些缺陷会影响板材的二次加工性能。表面质量差主要是在生产过程中刨花铺装、施胶、热压、砂光工艺不当等引起的。

2. 部分产品吸水厚度膨胀率高

吸水厚度膨胀率是衡量刨花板质量的一个重要指标，该指标不合格的原因可能有以下几点：（1）防水剂用量不足；（2）为了降低成本，追求利润，采用劣质胶粘剂；（3）为了保证甲醛释放量不超标而忽视其他指标。

3. 少数产品表面结合强度低

表面结合强度不合格时，刨花板易出现表层分层现象。表面结合强度不合格的主要原因是板材表面粗糙，表面预固化层厚，均匀性差，施胶量及热压工艺不合理等。可以通过调整热压工艺参数，适当增大施胶量来提高表面结合强度。

4. 少数产品内结合强度低

内结合强度低时，刨花板易出现芯部分层现象。这是由施胶量和热压工艺不合理造成的。

5. 个别产品静曲强度低

静曲强度低说明刨花板的力学性能差，在使用中容易出现断裂、变形等现象。静曲强度低的主要原因有：（1）刨花形态不好，或过多加入木材加工后的剩余物刨花之间的结合不充分；（2）施胶量不合适；（3）板坯结构和热压工艺设计不合理等。

6. 部分产品甲醛释放量超标

甲醛释放量体现的是刨花板的环保指标，采用甲醛基的胶黏剂生产的刨花板在使用过程中或多或少会释放出甲醛，甲醛释放量超标会影响人体健康。造成甲醛释放量超标的原因主要有四个：（1）使用游离甲醛含量较高的劣质胶黏剂，导致板材的甲醛释放量过高；（2）采用了不合理的施胶工艺和热压工艺，使未充分反应固化而残留在板材中的游离甲醛在使用中大量释放；（3）胶黏剂配方不科学或制胶工艺控制不严容易导致板材中含有大量游离甲醛；（4）是缺乏完善的检验制度，特别是对甲醛释放量的控制不严，检验能力不足。

五、选购和使用提示

消费者在选购和使用刨花板时，要注意以下几个方面：

1. 看包装和标识

查看包装上面是否有产品类型、等级、规格尺寸、合格证、生产许可证编号和甲醛释放限量等级以及企业相关信息等。

2. 看外观

看表面是否平整，有没有大刨花、分层、鼓包、翘曲等，边角是否平直，有没有破损；检查有无断痕、透裂和污染点等缺陷。

3. 查侧面

从产品侧面查看刨花板的内部结构。通常，刨花板的表层和中间层使用的刨花不同，表面刨花颗粒细小，中间层颗粒较大；一般来说，刨花板的组织结构越致密，其物理力学和加工性能越好。

4. 量尺寸

测量刨花板长度、宽度和厚度是否与标称尺寸一致。特别是板厚，因为板厚度与成本密切相关，一些企业可能会为了降低成本而减少厚度。

5. 闻气味

将未使用的刨花板堆放在一间小屋内，关闭门窗存放 24h 后入室检查。若无刺鼻气味则表明刨花板的甲醛释放量少，不会影响人体健康；若气味较大或有流泪感觉时，说明刨花板的甲醛释放量高，建议送到有关部门检测并确认合格后方可使用。

6. 浸泡

有条件时，可锯几块 50mm×50mm 的试件，放在 20℃的水中浸泡 2h，测量其中心点的吸水厚度膨胀率。吸水厚度膨胀率大，说明刨花板的防水性能差。

7. 选品牌

尽量选择知名品牌，知名企业或信誉度好的企业所生产的产品，才能有较好的质量保证。

（由国家人造板与木竹制品质量监督检验中心杨忠撰稿）

纤维板

一、产品简介

1. 产品定义与分类

纤维板是将木材或其他植物纤维原材料分离成纤维，利用纤维之间的交织及其自身固有的粘结物质，或者施加胶黏剂，在加热和（或）加压条件下，制成的厚度 1.5 mm 或以上的板材，见图 1。

图 1　纤维板样品

根据生产工艺不同，纤维板一般分为湿法纤维板和干法纤维板两大类。目前，国内外主要以干法纤维板为主。干法纤维板是以空气为成型介质，纤维经施胶、干燥、成型制得含水率不超过20%的板坯，经热压制成的纤维板。

根据产品的密度，干法纤维板一般分为高密度纤维板、中密度纤维板和低密度纤维板。高密度纤维板指密度大于850kg/m³ 的干法纤维板；中密度纤维板指以木质纤维或其他植物纤维为原料，经纤维制备，施加合成树脂，在加热加压条件下，压制成名义密度范围在650～850kg/m³ 的干法纤维板；低密度纤维板指密度在550～650kg/m³ 的干法纤维板。

目前，使用较多的干法纤维板是中密度纤维板。中密度纤维板按照用途分为普通型（MDF-GP）、家具型（MDF-FN）和承重型（MDF-LB）三类；按照适用状态分为四类，分别为干燥状态、潮湿状态、高湿度状态和室外状态。按照外观质量分为优等品、合格品两个等级。其中，普通型中密度纤维板指通常不在承重场合使用以及非家具用的中密度板纤维板。家具型纤维板指作为家具或装饰装修用，通常需要进行表面二次加工处理的中密度纤维板。承重型中密度纤维板指通常用于小型结构部件，或承重状态下使用的中密度纤维板。

2. 产品特点及用途

纤维板是利用木材的枝丫材、小径材、速生材、间伐材以及竹材和其他植物原料制成的人造板材，木材综合利用率高，符合我国林业发展政策，有利于我国林业可持续发展战略的实施。其主要特点和性能有：

（1）内部结构均匀，尺寸稳定性好，变形小；

（2）表面平整光滑，便于二次加工，可粘贴旋切单板、刨切薄木、油漆纸、浸渍纸，也可直接进行油漆和印刷装饰；

（3）幅面较大，板厚也可在1.5～35mm 范围内变化，可根据不同用途组织生产；

（4）机械加工性能好，锯截、钻孔、开榫、铣槽、砂光等加工性能类似木材，有的甚至优于木材；

（5）容易雕刻及铣成各种型面、形状的家具零部件，加工成的异形边可不封边而直接进行油漆等涂饰处理；

（6）可在纤维板生产过程中加入防水剂、阻燃剂、防腐剂等化学药剂，生产特种用途的纤维板。

高密度纤维板以其优异的各项物理性能，广泛应用于地板、电子、汽车等行业。近年来，高密度纤维板作为浸渍纸层压木质地板（俗称强化木地板）的基材，应用量逐年增大，成为重要的地板基材用纤维板类型。图 2 为以高密度纤维板为基材的强化木地板结构示意图。

图 2　高密度纤维板为基材的浸渍纸层压木质地板结构示意图

中密度纤维板具有良好的物理力学性能和加工性能，可以制成不同规格、厚度的板材，广泛用于家具制造业、建筑业、室内装修业。此外，中密度纤维板还用于船舶、车辆、体育器材、木质门、墙板、隔板等领域。中密度纤维板应用时，通常需要进行饰面加工，饰面材料种类丰富，主要有装饰纸、装饰单板、涂料等。图 3 为采用三聚氰胺胶膜纸饰面的中密度纤维板样品。

图 3　采用三聚氰胺胶膜纸饰面的中密度纤维板样品

低密度纤维板密度低、质量轻，多用于会议厅、音乐厅、剧场及酒吧间等作为装饰或吸音材料，还用于制造包装、体育文化用品等。

二、行业概况

纤维板产品是我国主要的人造板产品之一，经过多年的发展，我国的纤维板已形成了具有多种类、多规格、多用途的产品，且有一定规模的产业体系。

我国于20世纪80年代初建成了我国第一条中密度纤维板生产线。90年代后，我国纤维板生产步入高速发展阶段，到2005年我国纤维板年产量就达2061万 m^3，之后稳步增长，2012年达到5800万 m^3。

目前，我国纤维板产品中以中密度纤维板为主，中密度纤维板产品年产量约占纤维板总产量的90%。我国中密度纤维板行业中以小型企业居多，约占整个行业的70%，中型企业约占整个行业的20%，大型生产企业约占整个行业的10%。我国纤维板生产企业主要分布在山东、四川、广东、广西、河北、江苏、安徽、湖北、福建等地区。

三、标准解读及关键指标分析

1. 标准总体情况

目前，我国常用纤维板主要有如下相关标准：

GB/T 11718—2009《中密度纤维板》

LY/T 1611—2011《地板基材用纤维板》

GB/T 18958—2003《难燃中密度纤维板》

LY/T 1718—2007《轻质纤维板》

LY/T 1795—2008《椰壳纤维板》

GB 18580—2001《室内装饰装修材料　人造板及其制品中甲醛释放限量》

其中，GB/T 11718—2009《中密度纤维板》主要规定了干法生产的中密度纤维板的术语、定义和缩略语、分类和附加分类、要求、测量和试验方法、检验规则、标志、包装、运输和贮存等。该标准修改采用国际标准ISO/DIS 16895—2《Wood-based panels—Dry-process fibreboard—Part 2：Requirements》（人造板　干法纤维板　第2部分：技术要求）标准。该标准与ISO/DIS 16895—2中的中密度纤维板部分相比，主要差异如下：

（1）增加了外观质量要求、握螺钉力、含砂量等性能的要求及其测试方法；

（2）增加了产品质量的检验规则、标志、包装、运输和贮存的规定；

（3）增加了中密度纤维板及其三大类产品的定义；

（4）根据我国情况，将含水率指标调整为3.0%～13.0%。

LY/T 1611—2011《地板基材用纤维板》主要规定了地板基材用纤维板的术语和定义、分类、要求、试验方法、检验规则以及标志、包装、运输和贮存等。地板基材用纤维板指以木质纤维或其他植物纤维为原料，施加合成树脂，在加热加压条件下，压制而成的一种板材。可加入其他合适的添加剂以改良板材特性，能满足经饰面加工并制成地板的基材。

GB/T 18958—2003《难燃中密度纤维板》、LY/T 1718—2007《轻质纤维板》、LY/T 1795—2008《椰壳纤维板》等分别主要对难燃中密度纤维板、轻质纤维板以及椰壳纤维板的术语与定义、质量要求、试验方法、检验规则以及标志、包装、运输和贮存等进行了规定。

强制性国家标准GB 18580—2001《室内装饰装修材料　人造板及其制品中甲醛释放限量》对纤维板的甲醛释放量进行了明确的规定，该标准规定使用穿孔萃取法检测甲醛释放量时，甲醛释放量等级分为E_1级和E_2级两类，指标值E_1级≤9 mg/100g，E_2级≤30 mg/ 100g。

2. 关键指标分析

纤维板产品质量的关键指标如下：

（1）外观质量

外观质量主要反映纤维板是否具有分层、鼓泡或碳化、局部松软、板边缺损、油污斑点或异物、压痕等缺陷以及具有这些缺陷的数量，一般缺陷数量越少纤维板的外观质量越好。纤维板的外观质量主要影响板材的二次加工性能。

（2）密度和密度偏差

密度指试件质量与其体积之比，该项指标与纤维板强度有关，密度越高，纤维板的抗冲击、抗压能力等质量就越好；密度偏差是衡量同一张板内最大（或最小）密度与板的平均密度之差与板的平均密度的百分比，板内密度偏差较大将会影响板材理化性能差异大，而且，还会引起板材的翘曲变形。

（3）含水率

含水率指试件在干燥前后质量之差与干燥后质量之比，该项指标与纤维板的尺寸稳定性有关，当含水率较低时纤维板容易吸湿膨胀，过高时纤维板容易干缩变形，影响纤维板的使用性能。

(4) 吸水厚度膨胀率

吸水厚度膨胀率指试件吸水后厚度的增加量与吸水前厚度之比，反映纤维板的耐水性能。该项指标不合格时，板材的耐水性能、尺寸稳定性差，对水分敏感，在潮湿环境下，易翘曲、变形，引起尺寸变化。

(5) 表面结合强度

表面结合强度指试件表面层垂直于板面最大破坏拉力与试件胶合面积之比，反映纤维板表层纤维间的胶合质量，该项指标不合格时，在使用过程中纤维板易出现表面分层现象。

(6) 内结合强度

内结合强度指垂直于试件表面的最大破坏拉力和试件面积之比，反映纤维板内部纤维与纤维之间胶合质量的好坏。该项指标不合格时，纤维板易出现芯部分层现象。

(7) 静曲强度

静曲强度指板材在最大破坏载荷作用时的弯矩和抗弯截面模量之比，反映纤维板的承载能力，该项指标不合格说明产品的力学强度较差，在使用中容易出现断裂等问题。

(8) 弹性模量

弹性模量指在材料的极限范围内，载荷产生的应力与应变之比，反映纤维板抵抗外力使其变形的能力。该项指标不合格时，在使用过程中纤维板易变形，影响使用性能。

(9) 握螺钉力

握螺钉力指拔出拧入规定深度的自攻螺钉所需的力，该项指标反映纤维板的板材加工使用性能，如与五金连接件间的连接能力等。该项指标不合格时，用纤维板生产的家具等制品在使用过程中连接件会松动，甚至脱落，导致家具等制品不能正常使用。

(10) 甲醛释放量

该项指标反映纤维板的环保性能，当甲醛释放量过高时，会影响人体健康。

四、常见的主要问题

根据中密度纤维板产品的历年国家监督抽查结果及抽查过程，发现该产品质量主要存在的问题如下：

（1）甲醛释放量

造成甲醛释放量不合格的主要原因有如下四方面：一是由于部分企业使用自产自用的胶粘剂和配方，胶粘剂的配方不科学或制胶工艺控制不严，容易导致板材中含有大量反应不完全的甲醛；二是部分企业施胶量过大；三是热压工艺不合理；四是部分企业缺乏完善的检验制度，特别是对甲醛释放量检验的能力不足，控制不严。

（2）吸水厚度膨胀率

造成吸水厚度膨胀率超标的原因：一是没有严格按工艺要求施加防水剂，从而使板材的吸水厚度膨胀率增高；二是纤维板生产过程中部分厂家为了降低甲醛释放量而减少施胶量，这样会造成纤维间结合不紧密，使吸水厚度膨胀率偏高；三是原材料质量差。

（3）内结合强度

造成此项指标不达标的原因：一是芯层纤维施胶量小；二是热压工艺不合理，纤维间结合不够紧密。

（4）表面结合强度

造成此项指标不达标的原因：一是施胶量不足或不均匀；二是热压工艺不合理，表面预固化层厚；三是产品表面仍有预固化层；四是表层原材料质量差。

（5）含水率

造成含水率不合格的原因主要是纤维干燥阶段工艺不完善、胶黏剂的固体含量较低或热压工艺不合理等。

（6）密度偏差

造成密度偏差不合格的主要原因是由于铺装不均匀。

（7）外观质量

造成外观质量不合格的主要原因有两方面：一是在纤维板生产过程中，施胶不均匀产生胶斑；二是由于生产设备不及时清理等，在板面产生油污等缺陷。

五、选购和使用提示

消费者在选购纤维板产品时，注意事项如下：

1. 看包装、标识

查看产品包装和标识中是否有产品的合格证、名称、类型、等级、生产厂名、规格尺寸、执行标准、生产许可证和甲醛释放限量等级等。

2. 看外观

检查纤维板是否存在翘曲、变形、板边缺损、分层、鼓泡或炭化、局部松软、油污斑点或异物、压痕等缺陷。

3. 量尺寸

测量纤维板长度、宽度和厚度尺寸，是否满足购买要求，尤其是纤维板厚度是否与标称厚度一致。板材厚度与成本密切相关。

4. 测吸水厚度膨胀率

从板上截取 50mm ×50mm 试件几块，用千分尺分别测试并记录试件中间点的厚度，然后放入 20℃的水中浸泡 24h 后测量试件的厚度，计算试件浸泡前后厚度之差与浸泡前厚度的百分比。以干燥状态下使用的家具型中密度纤维板（公称厚度 13～22mm）为例，吸水厚度膨胀率不超过 12.0%，其他具体要求可参考 GB/T 11718—2009《中密度纤维板》，如果百分比较小，说明纤维板的吸水厚度膨胀率小，耐水性能较好；如果百分比较大，说明纤维板的吸水厚度膨胀率可能较高，建议送到有关部门检测并确认合格后使用。

5. 查环保

由于在纤维板生产过程中，一般会使用甲醛基胶黏剂，因此其成品会或多或少地释放一定数量的游离甲醛，当游离甲醛含量超过一定限量时，会影响人体健康。检测纤维板的甲醛释放量是一个复杂过程，消费者可以通过以下方法简单初步地判断纤维板的甲醛释放量。首先，将未使用的纤维板堆放在一间小屋内，关闭门窗，存放 24h 后入室检查。若无刺鼻气味则表明纤维板的甲醛释放量少，使用不会影响人体健康；若气味较大或有流泪感觉时，说明纤维板的甲醛释放量可能较高，建议送到有关部门检测并确认合格后方可使用。

6. 选品牌

尽量选择品牌产品，如知名企业或信誉度好的企业所生产的纤维板。

（由国家人造板与木竹制品质量监督检验中心张训亚撰稿）

细木工板

一、产品简介

细木工板俗称大芯板，是利用天然旋切单板与木条或木块组成的板芯拼板经涂胶、热压而成的一种板材，具有质量轻、强度高、变形小、幅面大、外表美观等优点，是室内装修和家具制作的重要材料之一，已广泛用于家具制造、门窗、吊顶、地面和墙裙装饰装修等。细木工板通常是五层结构，一般由表板、芯板和板芯组成（见图1）。表板指细木工板最外面的单板层，芯板指间于表板和板芯之间的单板层，板芯是由木条组成的拼板或木格结构板，是细木工板的最中间层。

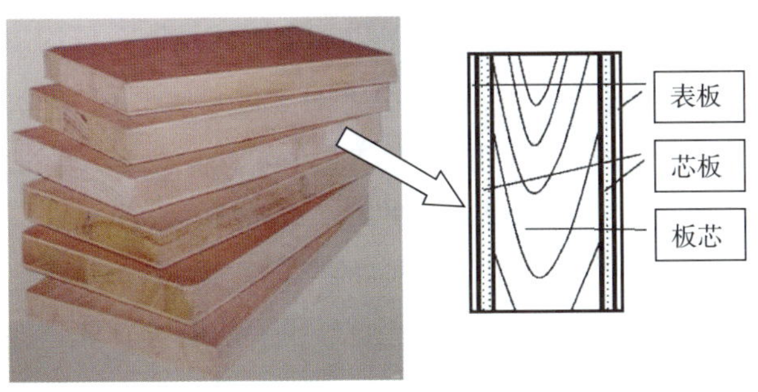

图1　细木工板样品及侧面结构示意图

按照细木工板板芯结构，分为实心细木工板和空心细木工板；按照细木工板板芯拼接状况，分为胶拼细木工板和不胶拼细木工板；按照细木工板表面加工状况，分为单面砂光细木工板、双面砂光细木工板和不砂光细木工板；按照细木工板层数，分为三层细木工板、五层细木工板和多层细木工板；按照细木工板使用环境，分为室内用细木工板和室外用细木工板；按照细木工板用途，分为普通用细木工板和建筑用细木工板。市场上细木工板产品多以室内用五层细木工板为主，且幅面尺寸多数为 2440mm×1220 mm，厚度通常为 15～19 mm。

二、行业概况

1. 行业分布

我国细木工板企业主要分布在华东、华北、华中、华南和东北五个区域。据不完全统计，截至 2011 年，国内具有一定规模且已申办工业产品生产许可证的细木工板企业约有 1500 家，细木工板年产量达 2020 万 m^3。按照生产企业数量统计，排名前十位的省分别是河北、浙江、湖南、福建、广西、江西、山东、四川、辽宁和吉林；按产量统计，排名前十位的省分别是湖南、浙江、广东、河北、福建、辽宁、广西、江西、湖北和山东。在这些地区中，河北、浙江和湖南细木工板企业数分别占全国总数的 17％、11％和 10％，福建、江西和山东各占 6％，其中河北的廊坊和邢台市，浙江的湖州和衢州市以及山东的菏泽市等地区的细木工板企业分布较集中，是我国细木工板的重点产区，其他地区的细木工板生产企业分布较分散。

2. 行业发展概况

我国是具有特色的细木工板生产大国，其快速发展大致始于 20 世纪 90 年代初，当时的生产企业主要分布在东北和华北地区，年产量约 10 万 m^3；1995 年后，细木工板的生产与应用在我国南方迅速发展和扩张，90 年代末，细木工板在全国呈现快速发展态势。我国细木工板生产企业以民营企业为主，小型企业比重大。大型企业约占企业总数的 0.98％，中型企业占 1.89％，而小型企业占 97.1％。造成小型企业数量较多的主要原因是细木工板行业的设备投资门槛低。目前，我国细木工板产业已经形成了从植树造林、基材加工到细木工板生产、销售和售后服务的完整体系。

三、标准解读及关键指标分析

1. 标准总体情况

目前，我国细木工板主要执行标准为 GB/T 5849—2006《细木工板》和 GB 18580—2001《室内装饰装修材料　人造板及其制品中甲醛释放限量》。

（1）GB/T 5849—2006《细木工板》

该标准主要规定了细木工板外观质量、规格尺寸和偏差、物理力学性能（包括含水率、横向静曲强度、浸渍剥离性能、表面胶合强度和胶合强度）、甲醛释放量等指标要求、试验方法和检验规则，在国内应用广泛，是目前政府监管细木工板产品的主要依据。

（2）GB 18580—2001《室内装饰装修材料　人造板及其制品中甲醛释放限量》

该标准规定了细木工板甲醛释放量的指标值、试验方法和检验规则。该标准是我国对细木工板环保指标强制性执行的依据。

2. 关键指标分析

（1）含水率

含水率指细木工板中含有的水分，其计算方法是试件干燥前后的重量差与干燥后重量的比值。GB/T 5849—2006 规定的含水率范围为 6.0%～14.0%。该项指标超范围时，板材的尺寸稳定性差。

（2）横向静曲强度

横向静曲强度是指细木工板在受力弯曲到断裂时所承受的压力强度。细木工板的横向静曲强度不合格，在使用过程中易折断，影响使用。细木工板横向静曲强度与板材的胶合性能有很大关系，同时与细木工板的用材材种有密切关系。

（3）表面胶合强度

表面胶合强度是指在垂直于试件上的最大拉力与胶接面积之比，反映细木工板表层与芯板间的胶合质量。该项指标不合格时，在使用过程中细木工板易出现表面分层现象。

（4）胶合强度

胶合强度反映细木工板表板、芯板与板芯之间胶合质量。该项指标不合格时，细木工板易出现开胶分层现象。

(5) 甲醛释放量

甲醛是一种无色，具有强烈刺激性气味的气体，该项指标反映细木工板的环保性能。GB 18580—2001 对细木工板进行了明确规定，将甲醛释放量分为 E_1 级和 E_2 级两个级别，其中 E_1 级≤1.5 mg/L，可直接用于室内；E_2 级≤5.0 mg/L，必须饰面处理后可允许用于室内。

GB/T 5849—2006 在 GB 18580—2001 基础上对甲醛释放量也进行了规定，该标准增加了 E_0 级，将细木工板分为 E_0 级、E_1 级和 E_2 级三个级别，其中 E_0 级≤0.5 mg/L，E_1 级≤1.5 mg/L，E_2 级≤5.0 mg/L。

四、常见的主要问题

自 2002 年至 2012 年，国家质检总局对细木工板产品进行了 5 次国家监督抽查、1 次全国联动抽查和 2 次专项抽查，累计抽查 8 次。抽查发现，细木工板主要存在如下问题：

1. 甲醛释放量

随着我国经济的发展，人们的健康意识越来越强烈，企业和消费者都对甲醛释放量十分关注。细木工板甲醛释放量超标的技术原因主要源于以下四个方面：一是胶粘剂的配方不科学；二是制胶工艺控制不严；三是生产过程中，施胶量较大；四是热压工艺不过关。

此外，行业中某些企业为降低成本，选用或制备质量不高的胶粘剂，并且企业缺乏完善的检验制度，特别是对甲醛释放量检验的能力不足，控制不严，从而造成产品该项指标超标。

2. 横向静曲强度

横向静曲强度反映了细木工板的承载受力和抵抗受力变形的能力，该项指标不合格说明产品的力学强度差，在使用中容易出现折断等问题，直接影响细木工板的使用寿命。导致横向静曲强度不达标的原因：一是原材料质量差；二是板芯加工精度不高，板芯材料厚薄不均，平整度欠佳；三是板芯拼缝较大；四是压贴工艺控制不合理。

3. 含水率

含水率不合格直接会导致细木工板在使用过程中产生变形、翘曲。造成含水率不合格的原因主要包括两个方面，一是原材料含水率控制不恰当，二是热压工艺控制不合理。

4. 胶合性能

表面胶合强度不合格会导致表板分层；浸渍剥离和胶合强度不合格会导致细木工板开胶。胶合性能不合格的原因主要是：有的企业为了追求利润和价格优势，选择价格较低但质量没有保证的胶粘剂；有的企业片面追求甲醛释放量低，甲醛基胶粘剂配方不合理，涂胶量不够或涂胶不均匀，造成胶合性能不合格；热压工艺不合理，当涂胶后的陈化时间、热压温度、时间、压力等参数不恰当时，会影响胶粘剂的固化，自然也就影响了产品的胶合质量。细木工板板芯材料差及板芯拼接缝隙大也是导致产品胶合性能不合格的重要原因。

五、选购和使用提示

消费者在选购细木工板产品时，注意事项如下：

1. 看包装标识

查看产品合格证、生产许可证、产品规格、产品等级、执行标准、生产厂家名称、厂家地址、联系方式等。

2. 看外观

细木工板表面应手感干燥、平整光滑。整张板应平整、无翘曲、变形、鼓泡、分层，竖立放置时边角应平直，整堆（包）放置时每张板之间应完全贴合。

看细木工板侧面，芯板是否叠离，芯条侧面缝隙不超过 1mm；看细木工板端面，芯条端面缝隙不超过 3mm。在使用过程中，锯开细木工板观察板材内部是否存在离缝。

3. 看胶合性能

可截取 75mm×75mm 的试件一块，放入 63℃的水中浸泡 3h 后，观察试件各侧面胶层是否有开胶现象，一般质量较好的细木工板的胶层不会出现开胶现象。

4. 量尺寸

测量细木工板长度、宽度和厚度尺寸，是否满足购买要求，尤其是细木工板厚度是否与标称厚度一致。板材厚度与成本密切相关。

5. 闻气味

由于在细木工板生产过程中，一般会使用甲醛基胶粘剂，因此其成品会或多或少地释放一定数量的游离甲醛，当游离甲醛含量超过一定限量时，会影响人体健康。检测细木工板的甲醛释放量是一个复杂过程，消费者可以通过以下方法简单初步地判断细木工板的甲醛释放量。首先，将未使用的细木工板堆放在一间小屋内，关闭门窗，存放 24h 后入室检查。若无刺鼻气味则表明细木工板的甲醛释放量少，使用不会影响人体健康；若气味较大或有流泪感觉时，说明细木工板的甲醛释放量可能较高，建议送到有关部门检测并确认合格后方可使用。

6. 选环保指标等级

按甲醛释放量指标值，细木工板可以分为 E_0 级、E_1 级和 E_2 级三个级别，其中 E_0 级≤0.5mg/L，E_1 级≤1.5mg/L，E_2 级≤5.0mg/L。根据需要选择细木工板，不同级别价格不同。

7. 选树种

细木工板选用的树种不同，树种搭配不同，板材价格均存在差异。

（由国家人造板与木竹制品质量监督检验中心孙柏玲撰稿）

溶剂型木器涂料

一、产品简介

木器涂料在中国使用历史久远，早在汉代之前大漆已用于木家具的表面涂饰。木器涂料主要品种有溶剂型木器涂料、水性木器涂料、紫外光固化木器涂料等，溶剂型木器涂料因其具有性能和价格的优势，目前仍是我国木器涂料的主导产品，其消费量约占木器涂料总量的95%以上。

溶剂型木器漆是指以有机溶剂为分散介质的油性漆，主要用于家具和木质基材表面涂装，消费者在室内装饰装修时广泛使用溶剂型木器涂料，其产品质量的好坏与室内装饰装修质量、效果及人体健康密切相关。

溶剂型木器涂料按树脂类型主要分为聚氨酯木器涂料、硝基木器涂料、醇酸木器涂料，其中聚氨酯木器涂料占绝对主导地位，约为75%；其次是硝基木器涂料，约为20%；醇酸木器涂料最少，约为5%。

聚氨酯木器涂料是我国应用最广泛的木器涂料，制造与施工技术已相当成熟，品种有单组分和双组分之分。双组分品种由于综合性能优良，是目前木器涂料最主要的品种。聚氨酯涂料因具有涂膜硬度高、柔韧性好、丰满度高、耐化学介质性好等特点而受到消费者的青睐。聚氨酯涂料的最大缺点是毒性较大，其主要来源于多异氰酸酯组分（固化剂）中未能完全反应的游离二异氰酸酯单体。

硝基木器涂料是传统的家具漆，其特点是干燥快、装饰性好、易打磨，适合于制成较薄的漆膜，能突出木材的天然效果。缺点是固体含量低（挥发性有机化合物含量高）、漆膜丰满度差、耐溶剂性不良、漆膜容易泛黄、需多道施工，这在一定程度上限制了它的发展。现在主要用于要求快干的场合和部分出口家具的涂装。

醇酸涂料是国内生产量较大的一类通用涂料，具有价格便宜、施工简单、涂膜丰满、保光性和耐候性较好等优点，缺点是涂膜较软、耐水性较差，不宜用于地板和桌面，常用于门、窗、栏杆等一般木器涂装。

为加强对溶剂型木器涂料产品质量的监管，保障消费者人身安全，自2004年1月15日起，我国开始对上述三类溶剂型木器涂料实施CCC（简称3C）强制性产品认证制度，这些产品必须标明3C强制性认证标识方可出厂销售。

二、行业概况

我国木器涂料作为工业涂料门类的主要品种，自20世纪90年代起，经历了快速发展的鼎盛时期，2007年木器涂料约占涂料总产量的15%。从2009年起，受家具出口和国内消费减少、装修方式改变等影响，其销量较快增长阶段结束，木器涂料在涂料总产量中所占比重呈逐年下降趋势。2011年木器涂料产量约为121万吨，约占涂料总产量的11%。

我国溶剂型木器涂料行业的市场化程度非常高，但集中度并不高。据不完全统计，全国溶剂型木器涂料生产企业约为700家～800家，前十名企业的销售量约占整个溶剂型木器涂料产量的20%～25%，集中度远低于发达国家的水平。我国木器涂料生产非常不平衡，生产企业主要分布在经济发达的长江三角洲、珠江三角洲和环渤海地区的部分省份，按产量排序依次为广东、上海、江苏、浙江、山东、北京、天津等。2011年区域之间产量比例为：长江三角洲地区占35.0%，珠江三角洲地区占31.6%，环渤海地区占22.1%，其他地区占11.3%。

在众多生产企业中，有技术、工艺装备水平先进、管理规范的国外知名涂料生产商的独资和合资企业，也有技术力量雄厚、生产历史悠久的国有大中型企业和转制的股份制企业，但更多的是20世纪90年代崛起的一大批民营企业和个体企业，这些企业的技术、工艺装备水平和管理水平相差很大，其中有可与国外知名涂料生产商的独资和合资企业相抗衡的大型企业，也有技术水平低、厂房设备简陋、管理水平低下的作坊式企业。目前，在木器涂料生产领域，民营企业是绝对的主力军。

三、标准解读及关键指标分析

1. 标准总体情况

我国针对室内装饰装修用溶剂型木器涂料中有害物质限量颁布实施了强制性国家标准，针对溶剂型木器涂料性能制定了推荐性国家标准和行业标准。这些标准的制定与完善对提高溶剂型木器涂料产品质量、促进行业健康发展起到了重要的作用。比较重要的标准有：

GB 18581—2009《室内装饰装修材料　溶剂型木器涂料中有害物质限量》；

GB/T 23995—2009《室内装饰装修用溶剂型醇酸木器涂料》；

GB/T 23997—2009《室内装饰装修用溶剂型聚氨酯木器涂料》；

GB/T 23998—2009《室内装饰装修用溶剂型硝基木器涂料》。

GB 18581—2009 是强制性标准，规定了室内装饰装修用聚氨酯类、硝基类和醇酸类溶剂型木器涂料以及木器用溶剂型腻子中对人体和环境有害的挥发性有机化合物、甲苯、二甲苯、乙苯、游离二异氰酸酯、甲醇、卤代烃、可溶性重金属等几项安全性指标，主要是防止因室内装饰装修使用溶剂型木器涂料对人体造成较大危害，是目前我国对溶剂型木器涂料产品质量安全进行监管的主要依据。

GB/T 23995—2009、GB/T 23997—2009 和 GB/T 23998—2009 是推荐性标准，分别规定了醇酸、聚氨酯和硝基木器涂料性能要求，如铅笔硬度、附着力、耐磨性、耐干热、耐水性、耐碱性、耐醇性等的技术指标。

2. 关键指标分析

（1）安全指标

无论是控制的有害物质品种还是限值要求，GB 18581—2009 都比国外标准严格。

1）挥发性有机化合物（VOC）含量

挥发性有机化合物（VOC）是指在 101.3kPa 标准大气压下，任何初沸点低于或等于250℃的有机化合物，其主要来源于涂料中起溶解成膜物质、改善涂料施工性等作用的有机溶剂。挥发性有机化合物不仅会危害生产和施工人员的身心健康，而且释放到空气中还会与大气中的氮氧化物、硫化物发生光化学反应，形成光化学烟雾，破坏臭氧层，导致农作物减产，破坏森林和生态系统，对人类健康和赖以生存的环境都会造成负面影响。许多国家或地区也制定了相应的法规或标准来限制各种VOC的排放。标准规定：聚氨酯类涂料面漆，当光泽≥80时，VOC含量应≤580g/L，当光泽＜80时，VOC含量应≤670g/L；聚氨酯类涂料底漆，VOC含量应≤670g/L；硝基类涂料，VOC含量应≤720g/L；醇酸类涂料，VOC含量应≤500g/L。

2）苯含量

苯被国际癌症研究中心确认为高致癌物质，在涂料生产中早已禁止使用，涂料中的苯主要是作为杂质由甲苯和二甲苯溶剂带入，苯含量的高低与甲苯和二甲苯的生产工艺有关，从石油产品精馏得到的甲苯和二甲苯中苯含量较低，而从煤焦油分馏得到的甲苯和二甲苯中苯含量则较高。标准规定：对于各类涂料，苯含量均应≤0.3％。

3）甲苯、二甲苯、乙苯含量

甲苯由于挥发速度较快（约为二甲苯的3倍），已很少单独作为溶剂使用。但甲苯常和其他溶剂按比例配制成混合溶剂而广泛用于涂料中。二甲苯通常以三种同分异构体的混合体存在。商品的二甲苯中通常含有邻、间、对二甲苯和乙苯，二甲苯由于其溶解力强、挥发速度适中而成为涂料工业应用面最广、使用量最大的一种溶剂。甲苯、二甲苯和乙苯毒性没有苯大，但也会危害人体的中枢神经系统，刺激呼吸道和皮肤等，对人体的危害呈相加作用。标准规定：对于醇酸类涂料，甲苯、二甲苯、乙苯含量总和应≤5％；其他品种涂料，甲苯、二甲苯、乙苯含量总和应≤30％。

4）游离二异氰酸酯（TDI、HDI）含量

游离二异氰酸酯来源于聚氨酯涂料固化剂组分，由于合成过程中反应条件及其他因素的限制，在多异氰酸酯齐聚物中总会残留游离二异氰酸酯。异氰酸酯单体都是毒性很大的物质，其主要的毒性作用是致敏和刺激作用，长期接触高浓度的游离二异氰酸酯可能导致死亡。标准规定：聚氨酯类涂料中游离二异氰酸酯（TDI、HDI）含量总和应≤0.4％。

5）甲醇含量

甲醇存在于硝基涂料中，作为杂质由工业乙醇带入。甲醇属中等毒性物质，其主要的毒性作用是刺激视神经网膜、鼻、喉，可引起流泪、视力模糊、眩晕头痛，重者导致麻醉、呼吸困难、恶心、呕吐等。标准规定：硝基类涂料中甲醇含量应≤0.3％。

6）卤代烃含量

卤代烃主要存在于回收溶剂中，正规企业生产的溶剂均不含卤代烃。卤素是强毒性基，卤代烃一般比母体烃类的毒性大。卤代烃经皮肤吸收后，侵犯神经中枢或作用于内脏器官，引起中毒，轻者头晕、呕吐，重者会造成休克甚至死亡。标准规定：对于各类涂料，卤代烃含量均应≤0.1％。

7）可溶性重金属含量

重金属主要来源于涂料生产用原材料中的颜料和某些助剂。铅、铬、镉、汞等有害重金属元素，对人体危害明显，会对人体的造血系统、肾、神经系统等产生严重影响，且具有累积性。标准规定：各类色漆和醇酸清漆可溶性铅应≤90mg/kg，可溶性镉应≤75mg/kg，可溶性铬应≤60mg/kg，可溶性汞应≤60mg/kg。

（2）主要性能指标

1）干燥时间

干燥时间是指涂料由液态涂膜变为固态涂膜所需要的时间，分为表面干燥时间和实际干燥时间。干燥时间长短影响产品的施工周期，施工人员往往希望干燥时间越短越好，但涂料生产企业受材料的限制，并需要兼顾其他漆膜性能，故往往为产品设计合适的干燥时间，以保证漆膜的综合性能良好。

2）铅笔硬度

硬度是指漆膜抵抗诸如碰撞、压陷、擦划等机械力作用的能力。用不擦伤漆膜的铅笔的硬度标号表示漆膜硬度时称为铅笔硬度。在生活中，家具、地板等木器表面难免受到划擦、碰撞等，如果涂层具有良好的硬度，就能抵抗损伤，保持较好的装饰性。涂料的品种不同，所能达到的硬度不同，通常情况下按铅笔硬度高低排列的顺序为：聚氨酯木器涂料＞硝基木器涂料＞醇酸木器涂料。

3）附着力

附着力是指漆膜与被涂面之间（通过物理和化学作用）结合的坚牢程度。被涂面可以是裸底材，也可以是涂漆底材。只有漆膜具有一定的附着力，才能满意地附着在被涂物体表面，发挥涂料所具有的装饰和保护作用。木器涂料附着力的测试通常采用有一定间距的多刃切割刀具，在漆膜上划出十字交叉线，将漆膜切割成正方格阵，再利用粘胶带对格阵部位进行撕拉，以格阵中漆膜脱落程度评级，0 级最好，5 级最差。

4）耐磨性

耐磨性是指漆膜对摩擦作用的抵抗能力，耐磨性好坏与漆膜的使用寿命密切相关。木器涂料品种中聚氨酯木器涂料的耐磨性优于醇酸木器涂料和硝基木器涂料。地板涂料因为人员频繁活动而容易磨损，其耐磨性要求高于家具厂和装修用面漆。耐磨性测试通常采用将加载一定负荷的橡胶砂轮放在漆膜上，并通过橡胶砂轮的旋转运动对漆膜进行磨擦，经规定的磨转次数后，以漆膜失重多少评价耐磨性好坏。

5）耐干热性

耐干热性是指漆膜经受规定温度作用后，保持其原有外观和保护性能的能力。耐干热性差将导致漆膜在一定温度作用（如：热水杯）下，失去原有装饰效果，甚至失去对被涂物的保护作用。耐干热测试通常采用将有一定温度的金属物体放置在漆膜表面至规定的时间后移开，以漆膜表面受损程度评级，1 级为无损伤，5 级为损伤最严重。

6）耐液体介质（水、碱、醇等）

在生活中木器表面漆膜常会接触到水、酒精和碱性清洁剂等液体，久而久之，漆膜可能会出现失光、变色、起泡、脱落等现象，直接影响漆膜的外观和使用寿命，因此标准设置了耐水性、耐碱性、耐污染性等检验项目。测试通常模拟实际使用情况，将用试验液体润湿的滤纸放在漆膜表面保持至规定的时间后移开，观察漆膜有无异常现象。

7）耐黄变性

耐黄变性是指漆膜抵抗使用过程中出现黄变倾向的能力，是针对标称具有耐黄变等类似功能的聚氨酯涂料设置的检验项目。测试方法是将漆膜经一段时间的紫外光照射后，以漆膜照射前后颜色变化的程度进行评价，颜色变化越小，耐黄变性越好。

四、常见的主要问题

国家质检总局高度重视溶剂型木器涂料产品质量安全，2003 年～2012 年连续9年组织开展了溶剂型木器涂料产品质量国家监督抽查工作，累计抽查10次。抽查中发现，溶剂型木器涂料产品主要存在以下问题，消费者在选购和使用时需要予以关注。

1. 安全性能

（1）挥发性有机化合物（VOC）含量

究其原因，一是配方设计有问题，有机溶剂添加量不合理；二是原材料把关不严，树脂、固化剂等原料的挥发性有机化合物（VOC）含量有所波动；三是生产过程中有机溶剂添加量控制不严。

（2）游离二异氰酸酯含量

游离二异氰酸酯来源于聚氨酯固化剂，降低固化剂中游离二异氰酸酯的核心技术掌握在国外少数几家公司手中，国产固化剂产品中游离二异氰酸酯含量普遍偏高，且不稳定，故使用国产固化剂的产品，或将国产固化剂和进口固化剂拼用的产品容易出现游离二异氰酸酯含量超标。

（3）卤代烃含量

卤代烃在涂料生产中早已禁止使用，造成卤代烃含量不合格的原因是部分企业为了降低成本，使用价格低廉的回收溶剂。回收溶剂的原料来源于废油漆、化工产品、医药厂废溶剂等，成分复杂，控制不严会将高毒性卤代烃、苯等杂质带入涂料产品。

2. 质量性能

（1）干燥时间、铅笔硬度

这两项不合格的主要原因是配方设计问题，可以通过调整干剂和固化施工配比、更换成膜物品种、增加催干剂用量等进行改进。干燥时间不合格主要影响施工周期。铅笔硬度低，漆膜容易擦伤，影响装饰效果和使用寿命。

（2）耐黄变性

耐黄变产品在配方设计、原材料选用方面均不同于非耐黄变产品，造成耐黄变性不合格的主要原因是使用了非耐黄变类固化剂。部分企业为了吸引消费者，夸大产品功能，用非耐黄变产品冒充耐黄变产品，欺骗消费者。

五、选购和使用提示

1. 选购提示

面对市场上品种繁多、名称各异、价格悬殊的国内外品牌产品，消费者在选购时应注意以下几点：

（1）根据自身的经济实力，确定选购的木器涂料品种。聚氨酯涂料按包装类型可分为单罐装、双罐装和三罐装，按漆膜光泽高低又可分为高光、亚光（半光）。醇酸涂料也有磁漆和调合漆之分。目前市场销量较大的是三罐装聚氨酯涂料，其性能通常比双罐装、单罐装产品要好。醇酸磁漆的性能要好于醇酸调合漆。

（2）尽量选择国内或本地区知名品牌的产品，相对而言，国内外大中型企业生产的知名品牌的产品质量比较稳定。

（3）我国对溶剂型木器涂料实施了强制性认证，购买时应检查产品包装或标签上是否有 3C 标志，无 3C 标志的产品一定不要购买。

（4）选购耐黄变聚氨酯涂料时，应索取检验报告，查证耐黄变性是否合格。如果选购的耐黄变面漆为清漆，配套底漆也应选择耐黄变型产品，否则达不到耐黄变效果。

（5）注意检查包装桶是否完好，是否有渗漏和胀听现象，产品标识，如产品名称、型号、批号、标准号、净含量、生产日期及保质期是否齐全、清晰（见图 1 和图 2）。

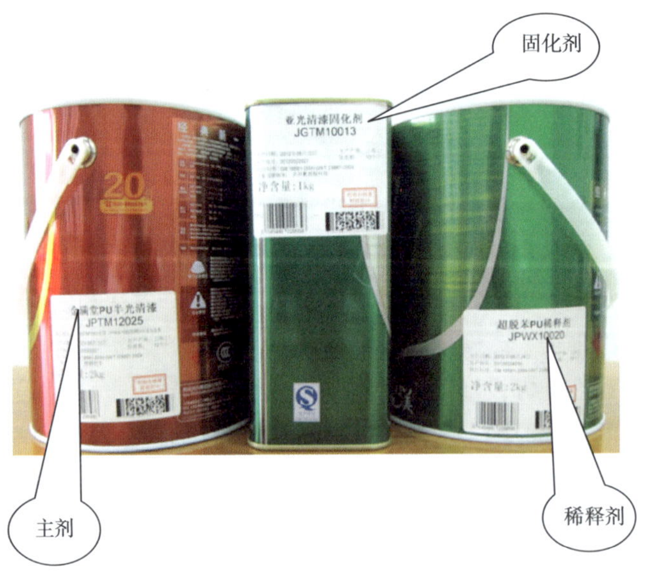

图 1　三罐装聚氨酯涂料产品包装与标识

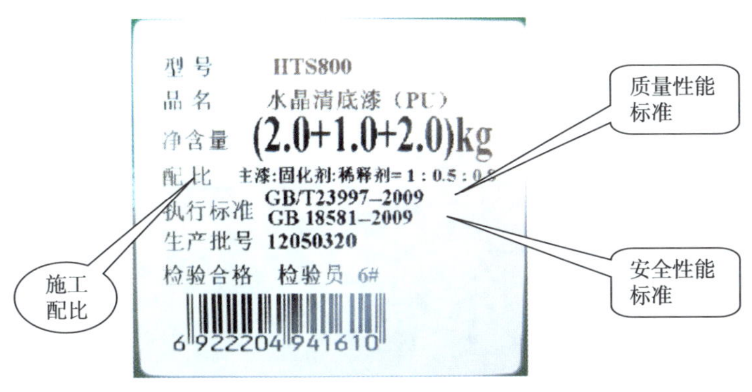

图2　产品标签上的标识

2. 使用提示

(1) 在使用前，先开罐检查涂料是否有分层、结块和胶凝现象，如果经搅拌后仍呈不均匀状态的涂料，不能使用。另外，溶剂型木器涂料的保质期一般为一年，超过保质期的涂料最好不要使用。聚氨酯漆的固化剂使用后要盖紧盖子，避免与空气接触固化失效。

(2) 严格按产品说明书的要求进行配料和施涂。注意每道施涂不应过厚，两道施涂间隔时间不应过短，避免在阴雨季节、空气湿度高的天气施涂，否则易出现漆膜起泡、起皱、发白等现象。

(3) 聚氨酯涂料施涂时挥发的游离二异氰酸酯会导致乳胶漆泛黄。因此应避免乳胶漆和聚氨酯涂料同时施工，最好是在聚氨酯涂料完全干燥后再刷乳胶漆，可避免泛黄现象。

(4) 施涂时要注意通风，现场严禁明火，避免火灾发生。

(5) 漆好的家具、地板等应避免阳光直晒，与热的物体接触，用硬物刮擦、碰撞等，以免造成漆膜损坏，影响装饰效果和使用寿命。

(6) 施工结束后，保持室内通风一段时间。也可请相关检测机构对室内空气进行检测，合格后方可入住。

（由国家涂料质量监督检验中心苏春海、冯世芳撰稿）

建筑内、外墙涂料

一、产品简介

建筑涂料是由成膜材料、颜料、填料、溶剂等几类材料经一定工艺制造而成的产品，用于建筑物和其他构筑物内、外墙面的装饰和防护。用于室内墙面的涂料称为内墙涂料，用于室外的称为外墙涂料。内、外墙涂料根据所使用的成膜材料的不同，可大致分为水溶性涂料和合成树脂乳液涂料两类。水溶性建筑涂料是以水溶性树脂如聚乙烯醇或聚乙烯醇缩醛、聚乙烯醇水玻璃等为成膜材料的涂料，俗称“888 涂料”“仿瓷涂料”“钢化涂料”等，此类涂料性能相对较差，价格较低，用于建筑物内墙的装饰。合成树脂乳液涂料是以合成树脂乳液如丙烯酸酯乳液或醋丙、苯丙、硅丙、氟碳等乳液为成膜材料的涂料，俗称“乳胶漆”，用于内、外墙的装饰和防护，是目前应用最广的建筑涂料。根据乳胶漆使用时是直接涂到底材上还是涂于最上层，又分为底漆和面漆；根据特殊功能，又分为抑菌、除臭、抗污、弹性涂料等。相对于内墙乳胶漆，外墙乳胶漆耐日照和气候变化性能强，内墙涂料不要用于外墙。图 1 所示为几种内、外墙乳胶漆产品。

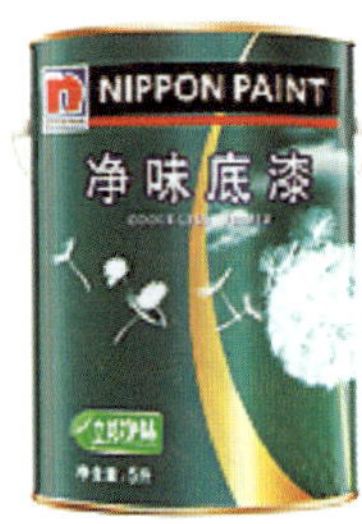

图 1　内、外墙乳胶漆产品

二、行业概况

我国建筑涂料产量保持连续十年的飞速增长，年均复合增长率达 22.0%，2010 年总产量达 351.82 万吨，居世界第一。我国建筑涂料企业及个体生产厂约有 4500 余家，分布在全国各地，长江、珠江三角洲和环渤海地区相对比较集中。企业规模普遍较小，年产 5000 吨以上的大型企业不足 3%，达到年产 10000 吨以上的企业在 30 家左右，其余 4000 多家企业的年产量均在 3000 吨以下，且年产 300 吨左右最为普遍。高档乳胶涂料市场基本上由进口产品、国外独资公司和几家民营企业的产品所占据，大多数乳胶涂料生产企业只能在中、低档乳胶涂料市场上展开竞争。建筑涂料生产技术门槛低，基本上是以各种原材料的机械混合为主，市场高度分散，市场竞争激烈。我国建筑涂料生产和应用的总体技术已达到国际先进水平，其品种和产量基本满足了城镇建筑迅猛发展的需要。但和国外先进国家相比，在环保化、功能性涂料生产技术以及涂装技术方面仍有一定差距。

三、标准解读及关键指标分析

1. 标准总体情况

目前，我国已经发布实施各类建筑涂料产品标准 12 项，安全标准 4 项。比较重要的标准有：

GB/T 9755—2001《合成树脂乳液外墙涂料》；

GB/T 9756—2009《合成树脂乳液内墙涂料》；

JG/T 210—2007《建筑内外墙用底漆》；

JG/T172—2005《弹性建筑涂料》；

GB 18582—2008《室内装饰装修材料　内墙涂料中有害物质限量》；

GB 24408—2009《建筑用外墙涂料中有害物质限量》；

GB/T 23994—2009《与人体接触的消费产品用涂料中特定有害元素限量》；

HJ/T 201—2005《环境标志产品技术要求　水性涂料》。

GB 18582—2008 和 GB 24408—2009 是国家强制性标准，规定了内、外墙涂料中产品中挥发性有机化合物（VOC）、游离甲醛、苯、甲苯、乙苯、二甲苯、乙二醇醚及醚酯、铅、镉、铬、汞重金属等对人体有害物质的安全性限量指标，主要是防止因接触人体和污染环境而导致的不适、过敏或潜在致癌性因素，是目前我国对内、外墙产品质量安全进行监管的主要依据。

GB/T 9755—2001 和 GB/T 9756—2009 是推荐性标准，规定了内外墙涂料产品的耐洗刷性、耐水性、对比率、低温稳定性、耐沾污性、耐人工气候老化性等涂料物理性能的基本要求，是判断内、外墙涂料产品使用性能好坏的依据。

2. 关键指标分析

（1）性能指标

1）耐洗刷性

日常生活、工作中不留心会在墙面上留下污点，小孩有时会在墙面上乱画，这些局部污渍可以用清水，甚至用洗涤剂、肥皂水等清洗。这就要求涂料有经受反复洗涤、擦拭的能力，对于涂料的这种能力，称为涂料的耐洗刷性。国家标准要求内墙涂料耐洗刷性最低不小于 300 次，外墙不低于 500 次。

2）对比率

用涂料装饰后的墙体原有的颜色应该被新涂料所隐蔽，涂料应具有遮盖基层墙体原来颜色及颜色不均的能力，以达到预期的装饰效果，涂料的这种遮盖的能力，称其为遮盖力。对比率的高低可反映乳胶漆的遮盖力，对比率低，则遮盖力低。国家标准要求内墙涂料对比率最低不小于 0.90，外墙涂料对比率最低不小于 0.87。

3）耐水性

在水里浸泡一段时间就可以较容易地将邮票与信封分开而又不会损坏邮票的图案与纸基，说明用于粘贴邮票的胶“不耐水”，抵抗不了水的冲击。涂料浸泡在水中一定的时间而本身未受损害的能力就是涂料的耐水性，尽管建筑物很少会泡在水中的，但潮湿部位则到处都有，因而涂料有耐水性是一个重要的性能指标。国家标准对内墙涂料耐水性未做出要求，对外墙涂料，要求在水中浸泡 96h 不能有起泡、脱落等现象。

4）低温稳定性

合成树脂乳液内墙涂料是以水为稀释剂的，这样当温度下降 0℃以下，涂料结冰就在所难免，而当温度回升后，涂料应该能够重新融化而且不变质。不仅如此，它还应该经受几个类似的反复而稳定存在，不出现质的变化，涂料的这种性能就是涂料的低温稳定性。国家标准要求内墙涂料 3 次高低温循环不变质。

5）耐沾污性

长期暴露在大气中，外墙涂膜会被粉尘、烟气、油性排放物等污染而变色、变暗，没有遮檐的墙面上的涂膜会因下雨形成雨痕条纹状污染，装饰效果变差。涂料抵抗这种污染的能力称为耐沾污性。可以用相同条件下污染前后墙面对光的反射能力变化来衡量涂料的好坏，反射能力降低的越少，说明涂料耐污染能力越强，国家标准规定外墙涂料（内墙几乎不与大气直接接触，标准没有规定此指标）污染前后涂料对光的反射能力下降不能低于 20%（弹性涂料 30%）。

6）耐人工气候老化性

外墙涂料暴露在大气中，长期受太阳光的照射，经受高温、雨淋的环境。涂料对抗这种外界气候变化而保持原有装饰、保护性能的能力称作涂料的“耐候性”。我国幅员辽阔，南北气候差异很大，为统一标准和缩短检验时间，用人为制作的一个同样光强度、温湿度的条件模拟自然环境来检验、衡量涂料对抗自然外界气候变化的能力，这种能力称涂料的“耐人工气候老化性”。国家标准规定外墙涂料（内墙不与大气直接接触，标准没有规定此指标）在模拟自然环境中最少 250 小时后，表面无颜色明显变化、无粉化、裂纹等现象。

（2）安全指标

1）挥发性有机化合物（VOC）

沸点低于或等于250℃的任何有机化合物称为挥发性有机化合物，VOC是“挥发性有机化合物”的英文缩写。乳胶漆虽然以水为分散介质，但因制备中使用防霉剂、成膜助剂、乳液等材料，使其可能含有甲醛、苯、卤代烃等多种有机挥发物。这些挥发物刺激眼黏膜、鼻黏膜、呼吸道和皮肤，还会使中枢神经系统受到抑制，使人产生头痛、乏力、昏昏欲睡的感觉；也有基因毒性和致癌性。另外，挥发性有机化合物会破坏大气臭氧层对大气环境有影响。因此，应尽量降低涂料VOC含量，直至生产零VOC的涂料。当然，VOC对人体健康的影响与其浓度有关，GB 18582—2008要求每升涂料VOC含量不高于120g。VOC含量不高于120g，其他安全质量指标也符合标准要求的乳胶漆可以放心使用。

2）苯、甲苯、乙苯、二甲苯总和

苯、甲苯、乙苯、二甲苯均为易挥发有机化合物，在涂料涂刷过程中和涂刷后，涂料中的这些物质会挥发到室内空气中，经吸入对人体造成危害。苯已被国际癌症研究机构确认为有毒致癌物质，甲苯、乙苯、二甲苯均有毒，对皮肤和黏膜刺激性大，对神经系统损伤更严重，长期接触有引起癌变的可能。GB 18582—2008要求内墙涂料中苯、甲苯、乙苯、二甲苯总含量不高于300mg/kg（外墙对水性涂料没有限制指标）。内外墙乳胶漆中引入此类物质的可能很小，一般含量很低，绝大多数未检出。

3）游离甲醛

“游离甲醛”是相对于“聚合态甲醛”而言的，是指涂料中能够自由移动和常温挥发的甲醛（“聚合态甲醛”不可自由移动和常温挥发）。涂料涂于墙体后，游离甲醛会挥发至室内空气中，对人体皮肤、眼睛及呼吸道产生很强的刺激性，有些人可发生过敏反应，国际癌症研究中心已将其列为人类可疑致癌物质。GB 18582—2008和GB 24408—2009中规定内外墙涂料中的游离甲醛含量每千克涂料不得超过100mg。

4）可溶性重金属

“可溶”是指在模拟人体胃酸条件（0.07mol/L HCl溶液）下可以从漆膜表面溶出，“重金属”是指铅、镉、铬、汞等金属元素。人体内积聚过高重金属，会对人体造成严重危害，特别是影响儿童的智力发育，影响神经系统、肾脏和血液系统等。涂料涂于墙体后，儿童接触墙体可能将涂料误入口中，为防止儿童吃进涂料后（通过手上汗渍、唾液在涂膜表面的浸润也可能进入儿童体内）造成身体危害，涂料中的“可溶性重金属”含量要很低。GB 18582—2008 规定内墙涂料中“可溶性”铅、镉、铬、汞含量分别不能超过 90mg/kg、75mg/kg、60mg/kg 和 60mg/kg，此限量值国内外基本相同，是考虑人体生物利用率规定的安全限量，在此范围内是安全的。

5）乙二醇醚及醚酯

乙二醇醚及其酯类是为了乳胶漆易于施工和成膜而在生产过程中加入的一种物质，是一种有毒化学品。在乳胶漆涂刷过程中和涂刷后，乙二醇醚及其酯类助溶剂大部分会挥发至空气中，造成涂装环境空气污染。乙二醇醚及其酯类对血液循环系统、淋巴循环系统及动物生殖系统均有危害，会影响男性 X 染色体，导致雌性不育，及胎儿中毒、畸形胎、胚胎消溶、幼儿成活率低及先天低智能等病状。GB 24408—2009 规定乙二醇醚类总含量不能高于 0.03%。乙二醇醚类物质在水性木器漆中用量一般在 5%左右，在建筑涂料中用量很低，绝大多数未检出。

四、常见的主要问题

2001 年～2011 年，国家质检总局连续 11 年均组织开展了合成树脂乳液内墙涂料产品国家监督抽查工作，累计共抽查 11 次。抽查中发现的主要问题如下：

1. 游离甲醛含量

为了防止涂料霉变，就需在涂料中添加“防霉剂”，甲醛具有防霉功能，且价格低廉，生产企业为了降低成本，不用低毒复合防霉剂而用甲醛溶液，造成游离甲醛含量超标（大于 100mg/kg ）。一般夏季炎热季节涂料甲醛较易超标，冬季寒冷季节不用或少用防霉剂，超标现象低。另外，极少数非法企业可能部分采用聚乙烯缩甲醛乳液做成膜物，这样的涂料游离甲醛很易超标。消费者尤其是在夏季时节更应警惕所购涂料游离甲醛是否超标。

2. 重金属含量

仅 2004 年抽查发现一例“超白”内墙乳胶漆可溶性镉含量超标。普通白色乳胶漆所用颜填料一般为钛白粉、立德粉、碳酸钙、高岭土等，这些物质不含或因矿床问题含极其少量铅、镉、铬、汞等可溶性重金属，因此，普通白色乳胶漆（有时称基础乳胶漆）抽查还没有出现过重金属含量超标现象。“超白”内墙乳胶漆可溶性镉含量超标可能是企业为达到“超白”效果而加入过量含镉白色无机颜料所致。值得指出的是，绝大多数五彩缤纷的涂料都是应消费者的要求，在普通白色乳胶漆中加入各种颜料，在涂装现场或在销售店现配现使用的，很少有成品色漆生产和销售，因此，国家抽查产品中鲜有色漆。抽查产品可溶性重金属含量合格，不代表您所使用的色漆合格。强烈建议消费者在内墙装修采用色漆时尽量使用有机颜料，尤其是选用黄、绿、超白等颜色时不要选用无机颜料。

3. 对比率

对比率是抽查合格率最低的一个指标，几乎每次抽查都会有此项不合格的产品。对比率低则遮盖力低，装饰效果差，达到相同效果乳胶漆的用量增大。造成对比率不合格的最主要原因是故意在配方中降低价格较贵的钛白粉用量所致，其次是进厂原材料不检验，颜料质量差，使用的粉体助剂配合不合适，用廉价的颜料代替着色力强的钛白粉等。消费者不仅要关注每桶涂料的重量和价格，还要更加注意每公斤（或每升）涂料实际可涂刷的面积。

4. 耐洗刷性

耐洗刷性几乎是历次抽查均会出现不合格的一个性能指标，耐洗刷性能差直接影响产品的使用寿命。造成耐洗刷性不合格的主要原因是生产企业为了降低成本，不按配方生产，在涂料生产时少加合成树脂乳液成膜物质所致。耐洗刷性不合格的涂料涂层附着力差、易掉粉、在水中很快溶解脱落，达不到保护建筑物的目的。耐洗刷性是内墙涂料最重要的性能指标之一，消费者在选择涂料时对此指标应给予特别关注。

5. 低温稳定性

低温稳定性也是抽查多次发现不合格的性能指标之一。主要原因是生产企业为了降低成本，对预计在非冬季或四季温度较高地区销售的产品不加或少加防冻剂，结果这些产品直到冬季或转销到寒冷地区才销售所致。涂料因低温稳定性差而变质，桶内涂料结块，流动性变差，消费者很易发现和辨别。

2011 年，国家质检总局首次组织开展合成树脂乳液外墙墙涂料产品国家监督抽查工作，对建筑用外墙涂料产品的挥发性有机化合物（VOC）含量、游离甲醛含量、乙二醇醚及醚酯含量总和（限乙二醇甲醚、乙二醇甲醚醋酸酯、乙二醇乙醚、乙二醇乙醚醋酸酯和二乙二醇丁醚醋酸酯）、重金属含量、低温稳定性、对比率、耐碱性、耐洗刷性、耐沾污性等 9 个项目进行了检验，抽查中发现，外墙涂料主要问题是对比率不合格。

五、选购和使用提示

面对市场上品种繁多、名称各异、价格悬殊、包装精美的国内、外品牌的乳胶漆，消费者如何才能选购到价格适中、综合性能好的产品呢？一般来讲，选购乳胶漆时应注意以下几点：

1. 确定种类

外墙乳胶漆抗紫外线照射，长时间照射不变色，要求有抗水性能，而内墙乳胶漆没有，所以内墙乳胶漆不能用来涂刷外墙。强紫外地区外墙涂料最好选择硅丙、氟碳等耐候性好的涂料；多雨地区或用于潮湿墙面应选择防霉、防潮性能好的内墙涂料等。但不可片面强调个别性能，没有必要也会多花钱。如“耐洗刷性”，一般家庭多少年累计也不会擦洗墙面 300 次，国家标准规定内墙涂料耐洗刷次数达到 1000 次就可以称为优等品，追求上万次的耐洗刷涂料没有必要。再如“功能性涂料”，功能性涂料现在愈来愈多，厂家也借此来炒作概念，抗甲醛、耐擦洗、抗菌、负离子、防霉、覆盖微小裂纹等等功能涂料一应俱全，价格也随着某项功能一路攀升，很难说这些功能就能在涂料涂刷后起到巨大作用，因此购买时一定根据所需，最贵的不一定对自己最有用。

2. 选择品牌

目前市场上内、外墙涂料品牌很多，消费者可根据自己的经济实力，来确定选购进口、国产知名品牌或普通品牌产品。国内知名企业有较完善的质量管理体系，生产设备先进，检验仪器齐全，产品质量比较稳定。目前市场上不论是国外或国内的品牌，一般均为系列产品，不同的品牌，不同企业生产的产品，其价格与质量的可比性较差，而同一企业生产的产品，价格越高，则产品质量越好。国外与国内的产品相比，产品性能差异不大，价格相对较高。经济实力达不到或不追求品牌的消费者，购买普通品牌也是很好选择，实际上某些普通品牌产品性价比可能更高，同样价格的产品质量往往可能还会高于知名品牌。

3. 确定购买时要认真辨别产品质量

产品质量可以简单从以下几点辨别：

（1）检查外包装

首先要确保包装桶完好，如果是铁桶包装，看它的接缝或焊缝处应没有锈蚀渗漏现象；塑料桶看有无翘边、破损，桶盖密封是否完好。然后再查看外观和标识，不合格产品包装上明示的产品标准号（包括类型和质量等级）、生产厂名和厂址、生产日期和批次、有效贮存期（保质期）、产品合格证等可能会错误、缺少或模糊。大企业每桶漆均有随机生成的唯一 10 位标识码（图 2），拨打免费咨询电话或在企业网站上输入该标识码即可辨别真伪。

图 2　合格证与随机生成的唯一 10 位标识码

（2）查看检验报告

权威检测报告上应同时有 CMA、CAL 和 CNAS 这三个标识（图 3），没有或缺少的报告不够权威。

图 3　检验报告中 CMA、CAL 和 CNAS 三个标识

注意报告是否过期，正规厂家的检验报告每年更换一次。注意报告的真假，一些不规范的企业会伪造检验报告，或把过期报告涂改成当年检验报告，或把不合格报告涂改为合格报告。如果发现报告字迹模糊不清或字体字号大小不一、骑缝章不能完全重合、报告封皮上的编号和内部首页上的编号不一致等，多为伪造检验报告。检验报告封底均会有检验机构的名称、地址、电话，

如遇上述情况，可打电话咨询报告真伪，每份检验报告的编号是唯一的。注意检验项目是否齐全，检验报告结论栏如为“所检项目”合格，表明并非全项目检测，如果不是省略一些特殊或长期检验项目，就有可能是省略一些不易合格的检验项目，遇此情况要详细询问弄清。注意检验报告“检验依据”栏注明标准是否与欲购买产品标准一致，报告中委托单位或受检单位与产品的生产单位是否一致；注意报告中产品的名称、品种、规格型号、商标等信息与欲购买的产品是否完全一致。正规企业每种产品的不同品种、型号均有对应的检测报告，不正规企业往往用一份检验报告代表该产品的所有规格和型号。

（3）打开桶盖检查

打开桶盖从感官和手感上辨别好坏。质量好的涂料，味道很小，如有刺鼻气味或浓重的香味不是好的涂料；如果有沉降、结块、浮水、发霉、发臭等现象，则说明该涂料存放已久或质量差；搅匀后用木棍挑出一点涂料，观察其下流状态，如果成丝状连续下流，说明该涂料流平性好，装饰效果好，如成一块一块断续流下，说明配方有问题，流平性不好；用手捻一捻涂料，可以感觉出它的细腻度，越细越好；找一张干净的旧报纸，在其铅字大小、密度较为均匀的地方用手指将涂料尽量涂薄，待其干燥后观察铅字的模糊程度，铅字越模糊的，说明该涂料的遮盖力越高，这种方法，更适合于两种不同涂料的对比。将涂料均匀地涂布在不吸收基面上，如玻璃，待其充分干燥后，用指甲用力将涂膜划破，观察其碎裂物的状态，好的乳胶漆的表面会形成有弹性的膜，不易裂，次品形成的膜无弹性，易掉粉；如开启后发现有霉变、凝聚、结块、沉淀、结固等现象，说明已变质，不能再使用。

（4）使用注意事项

选购涂料时还应仔细阅读施工说明，了解施工注意事项及是否需要使用配套的底漆，如需要使用底漆，最好选用同一品牌的配套产品。施工和使用前尽量打开所有门窗，确保施工区域有足够的通风条件；如是过敏性皮肤，在使用中始终佩戴防护用具；如不慎沾染眼部，立即用大量清水冲洗；不要让儿童进入施工区域，并将产品放置于他们接触不到的地方。

（由国家建筑装修材料质量监督检验中心张大亮撰稿）

坐便器

坐便器是现代建筑中室内配套不可缺少的组成部分。当今在一些发达国家，坐便器的更新换代经历了功能完善、追求美观舒适的阶段之后，正进入既要满足功能要求，又要考虑安全环保、节能节水的新阶段。

一、产品简介

坐便器是指在使用时以人体取坐式为特点的用于承纳并冲走人体排泄物的有釉瓷质卫生器具。按照我国国家标准的规定，坐便器仅指瓷质卫生陶瓷。近年来，坐便器作为人们步入文明生活的重要标志，进入了千家万户，已成为人们生活中必不可少的卫生器具。坐便器分类见表1。

表1 坐便器的分类

序号	分类方式	种类	实物照片	定义、特点或用途
1	产品类型	挂箱式		水箱挂在墙面上的坐便器

表 1（续）

序号	分类方式	种类	实物照片	定义、特点或用途
1	产品类型	坐箱式	 	水箱安放在陶瓷便器上的坐便器
		连体式	 	与水箱为一体的坐便器
		冲洗阀式	 	借冲洗阀水的冲力直接将污物排出的坐便器
2	产品结构	冲落式	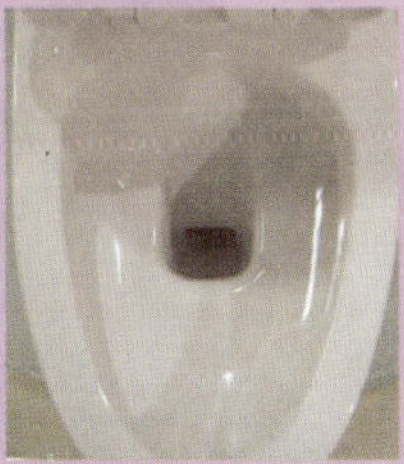 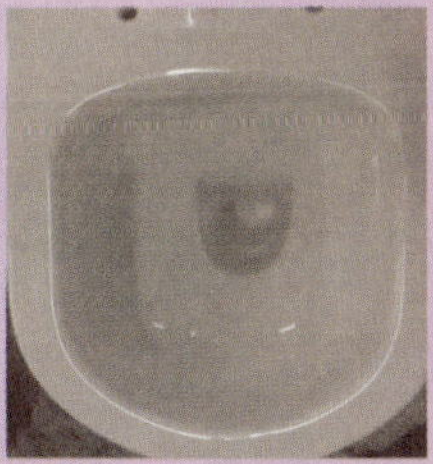	借冲洗水的冲力直接将污物排出的便器。其主要特点是在冲水排污过程中，在坐便器排污通道中只形成正压，没有负压
		虹吸式	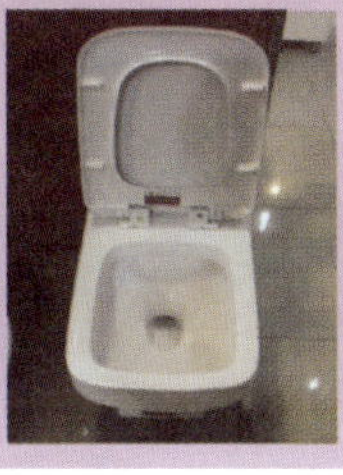 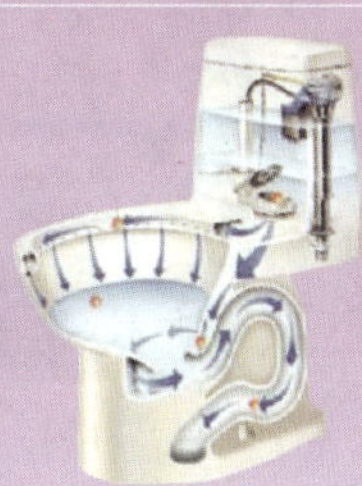	主要借冲洗水在排水道所形成的虹吸作用将污物排出的便器。冲洗时正压对排污起配合作用

表1（续）

序号	分类方式	种类	实物照片	定义、特点或用途
2	产品结构	喷射虹吸式	 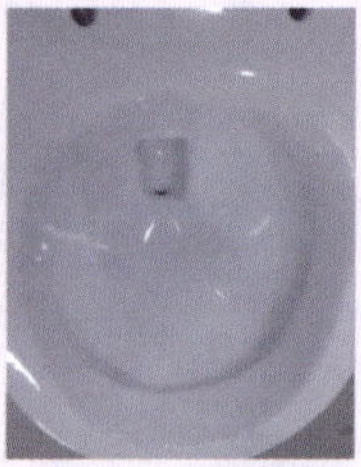	在水封下设有喷射孔，借喷射水流而加速排污并利用水封隔音在一定程度上降低冲水噪音的坐便器
		旋涡虹吸式	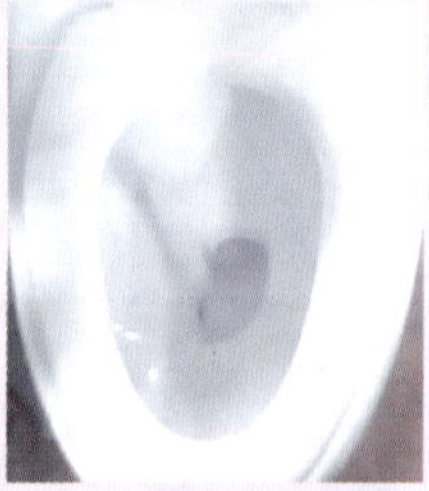 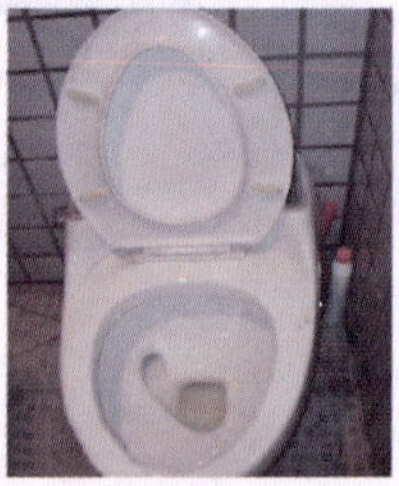	利用冲洗水流形成的旋涡将污物排出的虹吸式坐便器
3	安装方式	落地式	 	安放在地面上的坐便器
		壁挂式	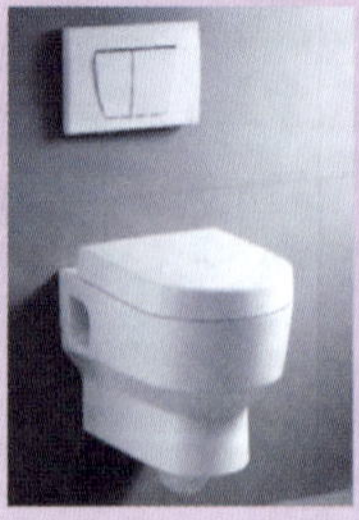 	挂装在墙面上的坐便器

表 1（续）

序　号	分类方式	种　类	实物照片	定义、特点或用途
4	排污方向	下排式	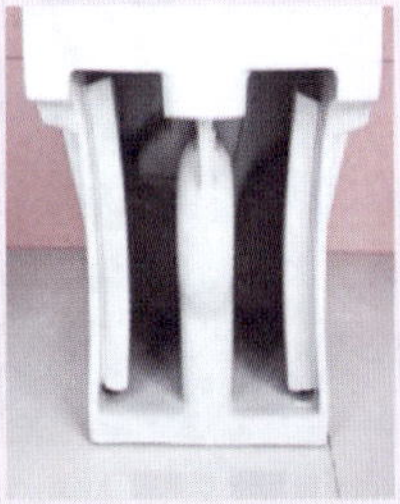 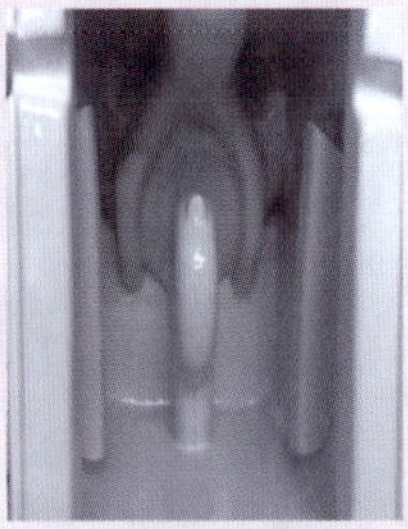	排污口通向地面的坐便器
		后排式	 	排污口通向墙面的坐便器
5	用水量	普通型	 	用水量不大于9L的坐便器
		节水型	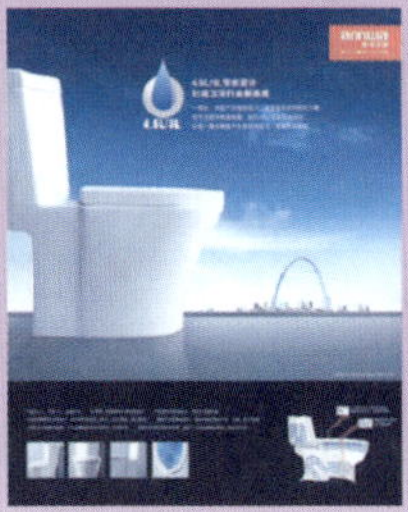 	用水量不大于6L的坐便器

表 1（续）

序　号	分类方式	种　类	实物照片	定义、特点或用途
6	用途	成人型		为满足成人使用要求而设计制造的坐便器
		幼儿型		专门为幼儿设计，满足儿童使用功能的坐便器
		残疾人/老年人专用型		专门为残疾人、老年人设计，满足其生活起居要求的坐便器

二、行业概况

1. 行业分布

目前，我国卫生陶瓷企业近 1000 家，其中陶瓷坐便器生产企业约有 600 家，以中小型企业为主，主要集中在广东、河南、河北等地，有十几家较大企业分布在北京、天津、上海、江苏、山东、福建、重庆等省、直辖市。

2. 行业发展状况

我国是历史悠久的陶瓷古国，但现代卫生陶瓷的制造技术却是由欧洲传入我国，自生产第一件卫生陶瓷至今已有80多年的历史，至20世纪80年代以前一直没有多大发展。我国卫生陶瓷虽起步较晚，但近20年来发展十分迅速。据不完全统计，全世界约有70%的卫生陶瓷产自我国，年产量已突破1.5亿件，卫生陶瓷产量已连续15年名列世界第一，每年的坐便器市场需求量在4000万件以上。

3. 主要产区基本情况

广东佛山是我国最重要的卫生陶瓷生产基地，有卫生陶瓷生产企业约30家，绝大部分为大、中型企业，主要分布在禅城区、高明区、顺德区、南海区及三水区。当前，佛山卫生陶瓷是我国中高档坐便器和产品质量最好的地区。

广东潮州是我国卫生陶瓷产量最大和生产企业最为集中的地区，有卫生陶瓷生产企业约400家，全是中、小型私营企业，主要分布在潮安县的古巷、凤塘、登塘三个镇及潮州市的枫溪区，以专业化分工为特色的生产模式是其与其他产区的区别。

河北唐山是我国卫生陶瓷的摇篮，有卫生陶瓷生产企业40余家，绝大部分企业针对国外市场，目前，唐山依然是我国卫生陶瓷的重要产区。

河南是我国目前产品定位比较低档的一个卫生陶瓷生产基地，有卫生陶瓷生产企业近60家左右，企业规模以中、小型民营或私营企业为主，主要集中在许昌市的长葛市和禹州市。

4. 国内外发展趋势比较

近年来，随着新技术、新工艺在卫生陶瓷行业的不断创新与应用，一些新结构产品不断推向市场，有些产品生产工艺已日趋成熟，这类产品的一个显著特点是用水量都在4.0～4.5L且基本功能均满足现行卫生陶瓷产品标准。目前，国内外卫生陶瓷发展主要定向于四个发展方向：生产过程自动化、卫生陶瓷表面处理技术、复合材料及替代材料的研发以及配套产品智能化和功能化的研究。

三、标准解读及关键指标分析

1. 标准总体状况

坐便器标准体系的构建主要考虑了该产品的使用性能、用水效率等级要求及安全环保指标等主要方面，以减少坐便器在使用过程中对生活饮用水及生活环境的污染，最大限度地有效提高其使用性能及用水效率等级，减少对紧缺水资源的浪费。我国涉及坐便器产品质量安全的标准主要有：

（1）GB 6566—2010《建筑材料放射性核素限量》

该标准是强制性标准，主要规定了建筑材料放射性核素限量和天然放射性核素镭-226、钍-232、钾-40放射性比活度的检验方法。

（2）GB 6952—2005《卫生陶瓷》

该标准是强制性标准，主要规定了卫生陶瓷的一般技术要求、功能要求、便器配套性技术要求及其试验方法。该标准非等效采用美国ASME A 112系列标准中的ASME A 112.19.2M—1998《瓷质卫生洁具》、ASME A 112.19.6—1995《坐便器和小便器冲洗功能》及ASME A 112.19.9M—1991《非瓷质卫生洁具》。

（3）GB 25502—2010《坐便器用水效率限定值及用水效率等级》

该标准是强制性标准，主要规定了坐便器的用水效率限定值、节水评价值、用水效率等级技术要求和试验方法。

（4）GB 26730—2011《卫生洁具　便器用重力式冲水装置及洁具机架》

该标准是强制性标准，主要规定了便器用重力式冲水装置和洁具机架的技术要求及其试验方法。

（5）HJ/T 296—2006《环境标志产品技术要求　卫生陶瓷》

该标准是推荐性标准，主要规定了卫生陶瓷环境标志产品安全环保要求、便器类产品的用水量要求及其试验方法。

2. 关键指标分析

（1）性能指标

1）吸水率：吸水率是坐便器重要的内在质量指标。标准要求坐便器的吸水率应不大于0.5%。

2）便器用水量、用水效率等级：便器用水量是坐便器完成一次冲洗周期所用的水量；用水效率等级是依据产品用水量的大小，划分为1，2，3，4，5五个等级。标准要求普通型便器用水量不超过9L，节水型便器用水量不超过6L，坐便器用水效率等级要求见表2。

表 2　坐便器用水效率等级

用水效率等级			1 级	2 级	3 级	4 级	5 级
用水量 L	单挡	平均值	≤4.0	≤5.0	≤6.5	≤7.5	≤9.0
	双挡	大挡	≤4.5	≤5.0	≤6.5	≤7.5	≤9.0
		小挡	≤3.0	≤3.5	≤4.2	≤4.9	≤6.3
		平均值	≤3.5	≤4.0	≤5.0	≤5.8	≤7.2

3）水封深度、坐便器水封表面面积、水封回复功能：前两个是坐便器的设计要求，后一个是功能要求。标准要求水封深度不小于 50mm；坐便器水封表面面积不小于 100mm×85mm；每次冲水后的水封回复都不得小于 50mm。对于双挡式冲水坐便器，小挡水封回复也需符合此要求。

4）功能要求：对坐便器功能要求主要通过冲洗效果来考核，这些指标是否达标，直接关系到坐便器使用性能的好坏。标准要求分别如下：

洗净功能：坐便器每次冲洗后累积残留墨线的总长度应不大于 50mm，且每一段残留墨线长度应不大于 13mm，对于双挡式冲水坐便器，小挡也需符合此要求；

固体物排放功能：坐便器经球排放试验，三次试验平均数应不少于 85 个，经颗粒排放试验，连续三次试验，坐便器存水弯中存留的可见聚乙烯颗粒三次平均数不多于 125 个，可见尼龙球三次平均数不多于 5 个；

污水置换功能：坐便器冲水稀释率应不低于 100，对于双挡式冲水坐便器，小挡冲水稀释率应不低于 17。

5）安全水位技术要求：这是对坐便器水箱内水箱配件装配要求的关键技术考核。标准要求有效工作水位至溢流口的距离应大于 10mm，但不得超过 38mm，CL 线至溢流口和盈溢水位的距离分别不小于 25mm 和 5mm，非密封口至盈溢水位的距离不小于 5mm。

（2）安全指标

1）内照射指数（I_{Ra}）、外照射指数（I_r）：坐便器作为建筑装饰装修材料的一种，其放射性水平的高低直接影响到对人身安全危害的大小，因此，我国相关标准对坐便器产品放射性水平做出严格规定，使其产销与使用范围不受限制。其中国家标准要求 I_{Ra} 和 I_r 分别不超过 1.0 和 1.3，达到 A 类装饰装修材料要求；国家环保总局发布的行业标准更为严格，要求 I_{Ra} 和 I_r 分别不超过 0.9 和 1.2。

2）重金属铅、镉含量：当前，我国建筑物内供水管道既要向居民供给生活饮用水，又要向卫生间内坐便器供水，如果坐便器的原料或釉料中重金属铅、镉含量超标，这些超标的重金属就有可能迁移至坐便器水箱内的水中，就会造成水箱中的水与供水管道的水交叉污染，进而对居民的身体造成潜在的严重损害。国家环保总局发布的行业标准要求卫生陶瓷可溶性铅含量不得超过20mg/kg，可溶性镉含量不得超过5mg/kg。

四、常见的主要问题

GB 6952—2005实施后，自2007年～2012年，国家质检总局对陶瓷坐便器产品连续组织了6次国家监督抽查。抽查中发现的主要问题如下，消费者在选购和使用时需要予以关注。

1. 坐便器吸水率

坐便器吸水率大小反映了陶瓷产品的瓷化程度，吸水率越大，陶瓷产品的强度越小。吸水率不合格会减少产品的使用年限，但在使用初期很难发现，对消费者而言，发现坐便器破裂时只能更换。吸水率不合格的主要原因是烧制温度低、时间短，开口气孔较多。

消费者在挑选时可用手轻轻敲击坐便器各部位，声音清脆说明产品的瓷化程度高，吸水率相对较低；如果敲击的声音沙哑，不那么清脆响亮，这样的坐便器很可能会有内裂，或是产品没有烧熟，吸水率相对较高。

2. 坐便器用水量

坐便器是否节水最重要的指标就是便器用水量，用水量越少，用水效率等级越高。便器用水量不合格会导致在使用过程中造成水资源的大量浪费。

用水量超标主要原因有以下几个方面：一是企业没有按照标准要求对冲水装置的水量控制装置进行调整或调整不到位；二是坐便器本身具有设计缺陷，用水量过小难以满足冲洗功能的要求而故意提高用水量；三是节水型坐便器的生产工艺、技术含量要高于普通型坐便器，要达到节水型的要求，生产厂家就必须改进产品设计和工艺设备，这样会提高产品成本，企业做不到或不愿做。

目前，许多商家在店内都设有坐便器功能演示平台，建议消费者在选购坐便器时尽量利用这个平台，或者安装前在家里搭一个简易装置，将坐便器接上自来水，粗略进行一下冲水实验，看流出来的水有多少升。坐便器功能演示平台见图 1。

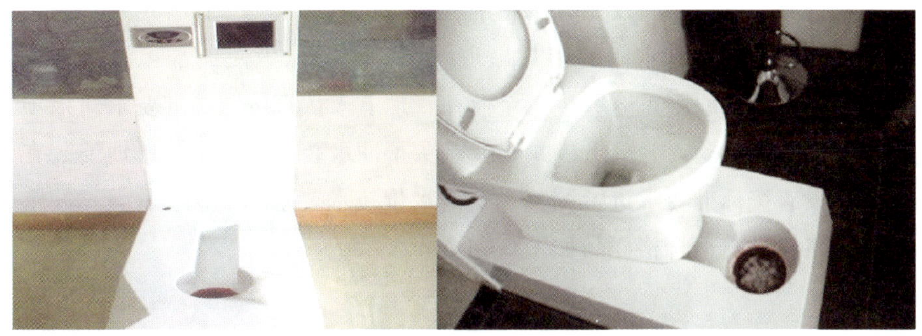

图 1　坐便器功能演示平台

3. 坐便器冲洗效果

坐便器冲洗效果是指坐便器对液体污物的冲洗能力。洗净功能差的产品可直接造成污物冲洗不干净，需要进行再次冲水，甚至再次冲洗也不能达到理想效果，使用水量大大超过明示或标准的规定，造成用水量超标，同时如果坐便器洗净功能表现不佳，一段时间后，坐便器内表面残留尿碱将形成难以除掉的污垢。造成该项不合格的主要原因是坐便器的结构和安装的冲水装置不合理，或内部结构设计或布水眼分布不当，冲洗时难以形成有效水流或水流难以到达某些盲区而使污物冲洗不干净，需要二次或多次冲水。坐便器冲洗效果如图 2 和图 3 所示。

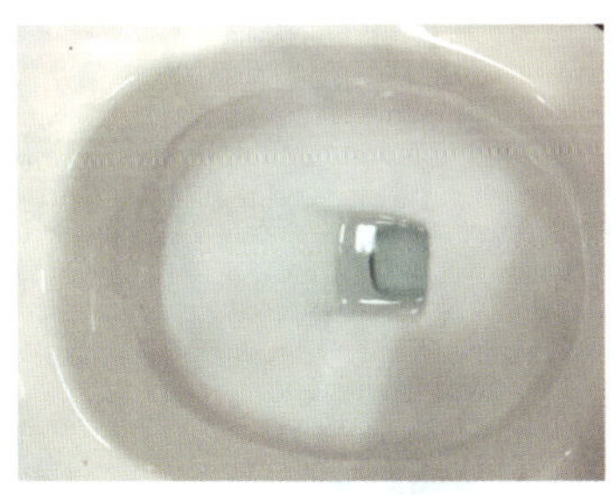

图 2　洗净功能好的样品

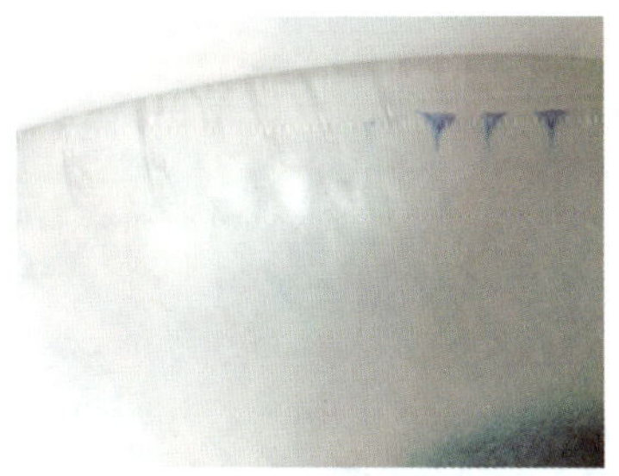

图 3　洗净功能差的样品

建议消费者在选购坐便器时利用商家在店内的坐便器功能演示平台，查看一下所购产品的洗净功能是否达标。

4. 坐便器安全水位

安全水位技术要求是指水箱配件在水箱内安装好后的有效工作水位、溢流水位、临界水位、盈溢水位、非密封口这五个水位之间的安全空间间隔。该项目不合格会导致坐便器在使用时水箱中的水与供水管道的水在一定条件下可能产生交叉污染，或者进水阀的密封出现故障时水会从坐便器水箱流出到卫生间。不合格的主要原因是这些生产企业在管理上未认真按照标准要求对该项目进行质量控制和检验，为降低成本企业购买了冲水装置后只是简单地安装在坐便器上，没有按标准要求进行调整。安全水位技术要求示意图见图 4，冲水装置调节合格样品与不合格样品如图 5 和图 6 所示。

单位为毫米

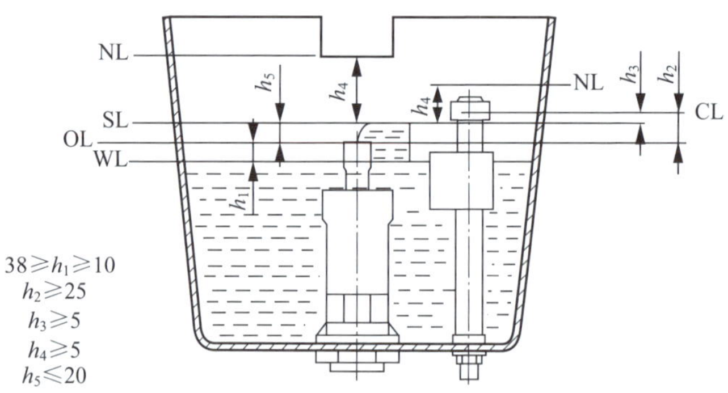

WL—有效工作水位线；OL—排水阀溢流口水位线；SL—盈溢水位线；CL—进水阀临界水位线；NL—水箱非密封口

图 4　安全水位技术要求示意图

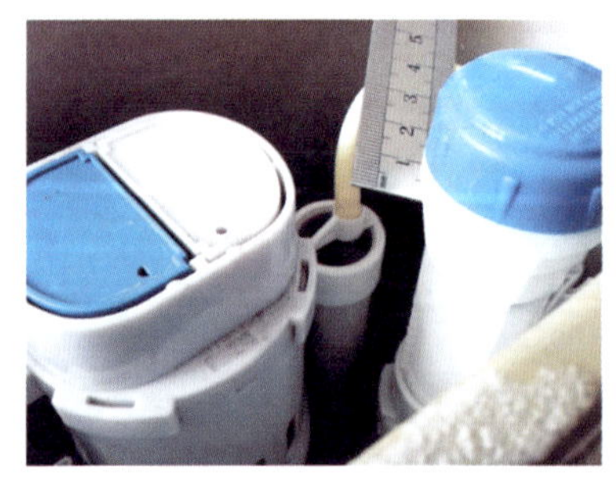

图 5　冲水装置调节合格的样品

图 6　冲水装置调节不合格的样品

建议消费者在购买坐便器时，用钢直尺或卷尺大致测量一下有效工作水位至溢流口及进水阀 CL 线至溢流口两个关键距离。

五、选购和使用提示

1. 坐便器选购常识

目前市场上坐便器品牌繁多，款型各异，各种坐便器让人眼花缭乱。消费者在选购时要从以下几方面来考虑：

（1）重量

坐便器越重越好，普通的坐便器重量在25kg左右，好的坐便器50kg左右。重量大的坐便器密度大，质量比较过关。简单测试坐便器重量的方法：双手拿起水箱盖，可以掂一掂它的重量。

（2）出水口

卫生间的出水口有下排水和后排水之分，要量好下水口中心至水箱后面墙体的距离，买相同型号的坐便器来“对距入座”，否则坐便器无法安装。后排水坐便器的出水口要和后排水口的高度相等，最好略高一些，才能保证污水排放通畅，型号稍有差错，下水就不畅。

（3）釉面

注意坐便器的釉面，质量好的坐便器其釉面应该光洁顺滑无起泡，色泽饱和。在检查外表面釉面之后，还应该去摸一下坐便器的下水道，如果粗糙的话，使用过程中容易造成污物的遗挂。

（4）水箱

坐便器储水箱漏水除有明显滴水声响可断定外，一般不易发觉，简单检查办法是在坐便器水箱内滴入几滴蓝墨水，搅匀后看坐便器出水处有无蓝色水流出，如有则说明坐便器有漏水的地方。

（5）水箱配件

水箱配件直接决定坐便器的使用寿命。品牌坐便器和普通坐便器的水箱配件质量差别很大，所以，选择坐便器的时候千万不要忽略水箱配件这个环节，检查方法就是听按钮声音，发出清脆的声音为最好。

2. 坐便器使用注意事项

消费者在使用坐便器过程中要从以下方面注意维护保养：

（1）若用温水冲洗坐便器，水温控制在10～45℃，请勿将过热的水倒入坐便器内，以免使其炸裂；

（2）不得向坐便器内冲入新闻纸、纸尿垫等易堵塞物品；

（3）为防止破损和漏水，不要撞击陶瓷，避免猛力击打盖板和座圈；

（4）请勿用钢刷和强有机溶液清洗，以免破坏产品釉面，腐蚀管道；

（5）为保持坐便器表面清洁、冲水功能正常，请用长把手尼龙毛刷和肥皂水或中性清洁剂清洗管道及冲水孔，建议至少每星期清洗一次。

（由国家排灌及节水设备产品质量监督检验中心方华明撰稿）

陶瓷砖

一、产品简介

陶瓷砖是指由黏土和其他无机非金属原料，经成型、烧结等工艺生产，用于装饰和保护建筑物墙面及地面的陶瓷制品，是常用的装饰装修材料之一。在建筑装饰装修中，陶瓷砖因其强度高、耐磨、耐水、耐化学腐蚀、使用寿命长，加上施工方便、易打理、价格适宜等特点而得到广泛应用。釉面砖由于色彩图案丰富，而且防污能力强，主要用于卫生间和厨房等污物较多的地方。无釉砖主要包括瓷质砖、玻化砖、抛光砖等，一般这类砖的吸水率较低、破坏强度和断裂模数较高、耐磨性好。

陶瓷砖主要分为以下几类：(1) 按成型方式不同分为：干压陶瓷砖和挤压陶瓷砖；(2) 按吸水率高低可分为：瓷质砖（$E \leqslant 0.5\%$）、炻瓷砖（$0.5\% < E \leqslant 3\%$）、细炻砖（$3\% < E \leqslant 6\%$）、炻质砖（$6\% < E \leqslant 10\%$）、陶质砖（$E > 10\%$）；(3) 按其表面施釉与否分为：有釉砖和无釉砖；(4) 按用途分为外墙砖、内墙砖、室内外地砖等。

目前市场上陶瓷砖产品主要有：无釉抛光砖、釉面抛光砖（抛釉砖）、仿古砖（一般为釉面）、微晶石瓷砖、厨卫用墙砖及地砖、广场砖、外墙砖（包括马赛克）等（见图 1）。

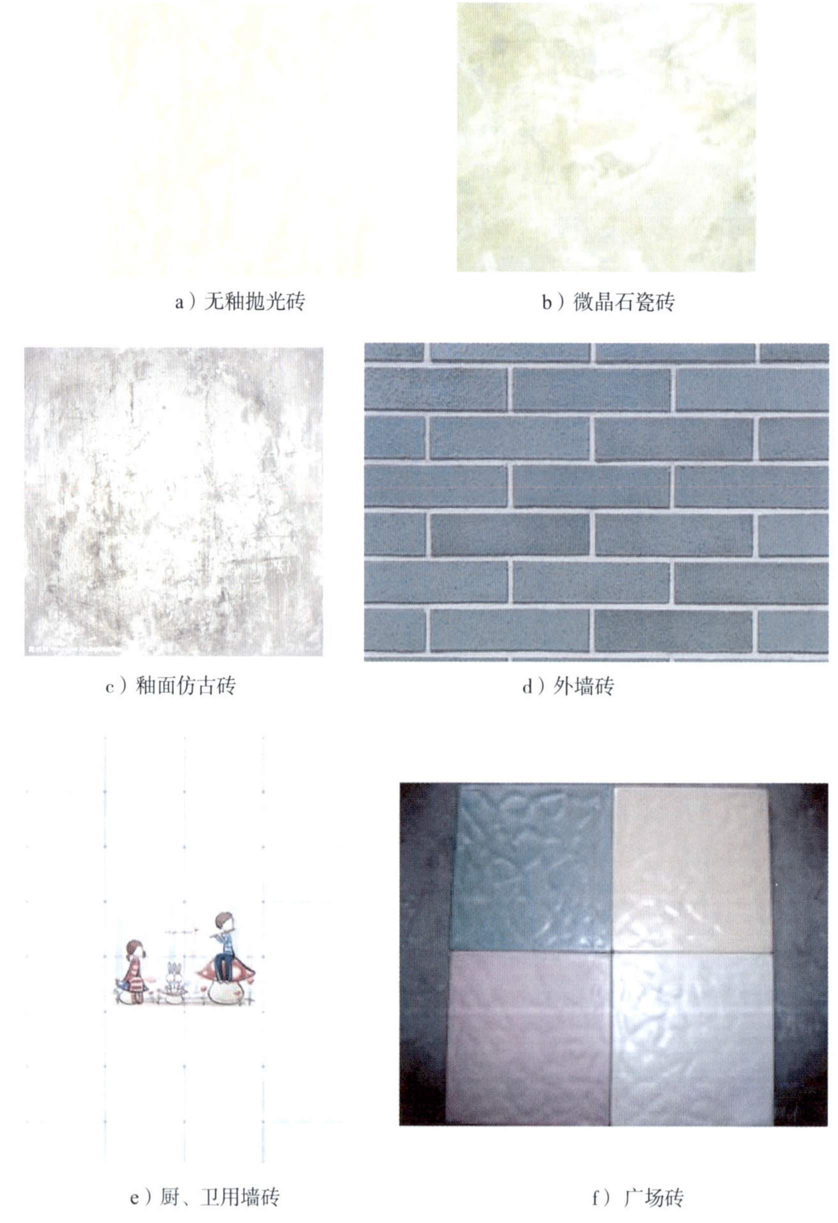

a）无釉抛光砖　b）微晶石瓷砖

c）釉面仿古砖　d）外墙砖

e）厨、卫用墙砖　f）广场砖

图 1　陶瓷砖种类

随着国内建筑行业的空前发展，围绕着房产而发展的建筑墙、地陶瓷砖市场需求量持续增长，总体庞大的需求量和消费结构逐步升级，不断推动陶瓷砖产品质量的提高，中、高档陶瓷砖产品需求增幅较快，我国陶瓷砖行业仍将保持长期较快的发展。

二、行业概况

据统计，自1993年以来，我国的建筑陶瓷产量就位居世界第一位。2000年～2005年我国陶瓷砖产量的平均年增长率保持在11%以上，2005年陶瓷砖产量达到35亿m^2，约占世界产量的1/2，其中广东的新中源、东鹏、金牌以及上海的斯米克、江苏的信益、浙江的诺贝尔等都形成了自己独特的品牌。2008年我国陶瓷砖产量达到57亿m^2，约占世界产量的60%，特别是辽宁、江西、湖北、陕西、湖南、山西等新兴陶瓷砖产区产量增长都超过了50%。

目前，我国陶瓷砖生产企业2000余家，其中大型企业30余家，约占2%；中型企业200余家，约占10%；小型企业1700余家，约占88%。主要集中在广东佛山、山东淄博、福建晋江和四川夹江等地区，仅广东、福建、山东、四川、辽宁、陕西、浙江、上海、河北等省市，合计产量约占全国总产量的90%以上。其中广东佛山、江浙部分地区的陶瓷砖生产技术及工艺水平已经具备了参与国际竞争的实力，产品质量已经接近国外先进水平。福建、山东、四川等陶瓷砖主产区以及江西、河南、河北等新兴产区的小型企业众多，主要以中、低档产品为主，产品质量参差不齐。

2010年，随着全国节能减排政策的贯彻落实，部分耗能大户开始寻求产业转移之道，在此次转移大军中陶瓷砖企业尤为突出。它们纷纷向周边省区转移，形成陶瓷行业在中部地区落地开花的现状，同时在转移的过程中更造就了新的一批大大小小陶瓷砖品牌的出现。据统计，目前除西藏外，全国各省、市、自治区几乎都建起了陶瓷生产线。除佛山、淄博、夹江、晋江等传统陶瓷产区外，江西、湖南、湖北、河南、河北、辽宁等地新兴产区也不断涌现。江西作为全国陶瓷企业发展速度较快的区域之一，不仅逐步建立了自己的企业品牌，同时作为广东产区的主要转承接产区，较多采用委托加工的ODM、OEM等模式，在为广东企业生产高端产品的过程中，不断提升自己的生产技术水平和管理水平，产品质量也有大幅提高，为自身的发展打下了良好的基础。

三、标准解读及关键指标分析

1. 标准总体情况

目前，我国发布实施的陶瓷砖标准主要有：

（1）GB/T 4100—2006《陶瓷砖》

该标准于 2006 年 9 月 1 日实施，覆盖了目前市场上大部分陶瓷砖种类，为陶瓷砖产品质量检测提供了可靠的技术保证。标准修改采用了 ISO 13006：1998《陶瓷砖　定义、分类、性能和标记》。

（2）GB 6566—2010《建筑材料放射性核素限量》

陶瓷砖产品在使用过程中存在的安全隐患主要是放射性，放射性核素高低直接关系到人体的健康，是重要的安全技术指标。国家对瓷质砖的放射性核素实行强制认证制度（CCC），不符合要求的瓷质砖，不允许销售，加强了对放射性危害的控制。

（3）HJ/T 297—2006《环境标志产品技术要求　陶瓷砖》

为贯彻《中华人民共和国环境保护法》，减少陶瓷砖产品在生产、使用和处置过程中对人体健康和环境的不良影响，引导和促进环保产品的生产和使用，制定了该标准。该标准根据韩国《土木工程和民用建筑材料》中的环境标准规定了陶瓷砖中可溶性铅和镉含量的限值，参照国际摩擦系数分级定义规定了陶瓷地砖的摩擦系数。

（4）JC/T 994—2006《微晶玻璃陶瓷复合砖》

微晶玻璃复合砖是以陶瓷材料为基体，在特定的工艺技术条件下将微晶玻璃复合在陶瓷基体上的新型高档建筑装饰材料，由于微晶玻璃比陶瓷更有优异的性能，如色泽纯净、质感强、不吸水、防污染、易清洁等，在国内高端消费市场和欧美发达国家市场上极受欢迎，市场发展空间极大。JC/T 994—2006 对微晶玻璃复合砖术语、定义、分类、技术要求、试验方法、检验规则等进行了规定。

2. 关键指标分析

（1）安全指标

1）放射性

陶瓷砖的主要生产原料包括天然矿物原料（如：黏土、长石等）、化工原料（如：氧化物、金属盐）、工业废渣原料（如：煤矸石、粉煤灰、锅炉矿渣）等，其中部分原料的放射性核素含量较高，放射出的 α、β、γ 等多种射线对人体健康有很大危害，直接影响人体健康，陶瓷砖放射性核素的主要来源就是原材料。随着人们环保意识的提高，建筑材料的放射性问题引起社会各界的普遍关注，GB 6566—2001 于 2002 年 1 月 1 日起在全国强制实施，从 2002 年 7 月 1 日起，市场上停止销售不符合该国家标准的产品。2010 年修订为 GB 6566—

2010《建筑材料放射性核素限量》，于2010年7月1日实施，标准对建筑材料中放射性限量作了明确规定。另外，国家对瓷质砖的放射性实行强制认证制度（CCC），不符合要求的，不允许销售，加强了对放射性危害的控制。

2）可溶性铅和镉含量

铅和镉等重金属对环境的污染和人体的健康影响很大。当人们饮用了铅污染的水、吃了含有高浓度铅的食物的时候，经过血液的运输，使肝脏、脾脏和肾脏都积存了铅，最后进入骨髓和神经中枢，造成铅中毒。镉主要存在于含锌的各类矿石中，金属镉毒性很低，但其化合物毒性很大，人体通过消化道与呼吸道摄取被镉污染的水、食物、空气会引起镉中毒，镉在人体内有蓄积作用，潜伏期可长达30年。陶瓷砖生产过程中有可能使用含铅釉料和含隔色料，砖中的铅和隔会对人体和环境造成危害，因此有必要对陶瓷砖中的铅和隔含量进行控制。HJ/T 297—2006和GB/T 4100—2006都对陶瓷砖中铅和镉的含量做了规定。

（2）性能指标

1）表面质量

陶瓷砖表面质量主要指砖的表观状况。一般是指砖的表面不允许出现明显的裂纹、釉裂、缺釉、针孔、桔釉、斑点、釉泡、毛边、磕碰等缺陷。

2）尺寸

陶瓷砖尺寸偏差是陶瓷砖施工过程的重要参数。尺寸偏差太大会导致铺贴后陶瓷砖之间接缝不均，直接影响装饰效果。近些年，陶瓷砖尺寸偏差较大引起的纠纷较多，砖铺贴后表面不平整，有凹凸感。

3）破坏强度和断裂模数

破坏强度和断裂模数是陶瓷砖抗损坏能力的体现，是陶瓷砖产品的重要技术指标，直接关系到产品的使用寿命和装饰效果。破坏强度和断裂模数较差的产品在使用中易造成断裂、破碎或缺楞少角等表面缺陷。陶瓷砖在铺贴以后，环境中的温度和湿度都会产生变化，这样在干湿交替和温度升降的过程中都会在陶瓷砖内部产生应力，当陶瓷砖的断裂模数和破坏强度偏低时，抵抗这些应力的能力就较差，陶瓷砖容易产生开裂等现象。

4）吸水率

陶瓷砖吸水率主要反映了陶瓷砖内部的孔隙情况，吸水率越大，表明内部孔隙越多，结构越疏松，陶瓷砖的强度越低；反之，表明内部孔隙越少，结构越致密，陶瓷砖的强度越高。一般根据陶瓷砖使用场合的不同，需要选取的砖的材质也不同，按照吸水率的大小选择相应的陶瓷砖。吸水率也会对产品的耐用性和其他物理性能有一定的影响，尤其是对无釉砖的耐污染性影响较大。

5）无釉砖耐磨性

无釉陶瓷砖耐磨性主要是测量磨坑弦长，并计算磨损体积来评价陶瓷砖的耐磨能力。在规定的条件和磨料情况下，通过摩擦钢轮在无釉陶瓷砖的正面旋转一定的转数后，在砖的表面产生磨坑，测量磨坑的弦长并计算磨损体积来表示无釉陶瓷砖的耐磨性。耐磨性较差的陶瓷砖在使用过程中砖表面易损坏，影响地面装饰效果。

6）光泽度

抛光砖的光泽度指来自试样表面的正面反射光量与在相同条件下来自标准板表面的正面反射光量之百分比。抛光砖是通体砖坯体的表面经过打磨而成的一种光亮的砖，表面洁净且富有光泽，是目前市场上较为流行的陶瓷砖之一，光泽度较好的砖更能体现地面的美感。

7）抗冻性

抗冻性是指陶瓷砖在吸水饱和的状态下经历多次冻融循环，保持其原有性质或不明显降低原有性质的能力。在寒冷地区，特别是在接触水又受冻的环境条件下，陶瓷砖必须具有较好的抗冻性能。抗冻性较差的陶瓷砖如遇到寒冷天气，砖表面会出现裂纹、掉渣，甚至砖体断裂等现象。

8）抗釉裂性

抗釉裂性是指釉面陶瓷砖在釉层上防止微细裂纹的能力。抗釉裂性是釉面陶瓷砖产品特性的重要技术指标，抗釉裂性较差的产品在使用中会造成陶瓷砖表面出现裂纹，影响产品的使用和装饰效果。

9）耐污染性

耐污染性是指陶瓷砖的表面抵抗污染剂的能力，是陶瓷墙、地砖的基本性能之一。特别是由于抛光砖表面光亮，且多为浅色，其抗污能力就显得相当重要。耐污染性较差的砖遇到污染剂可能无法清洗干净，甚至渗透至表面下层，形成花斑，影响装饰效果。

10）抗化学腐蚀性

陶瓷砖直接接触化学试剂，经一定时间后观察并确定其受化学腐蚀的程度。陶瓷砖铺贴后，经常会遇到如清洗剂、酸、碱等化学试剂，砖的抗化学腐蚀能力尤为重要。抗化学腐蚀性较差的砖表面经腐蚀后，会出现失光、变色、釉面脱落等损坏现象。

四、常见的主要问题

国家质检总局连续多年对陶瓷砖产品质量进行了监督抽查：2008 年共抽查 197 种陶瓷砖产品，合格产品 185 种，合格率为 93.9%；2009 年共抽查 364 种陶瓷砖产品，合格产品 267 种，合格率为 73.4%；2010 年共抽查 185 种陶瓷砖产品，合格产品 151 种，合格率为 81.6%；2011 年共抽查 202 种陶瓷砖产品，合格产品 174 种，合格率为 86.1%；2012 年共抽查 240 种陶瓷砖产品，合格产品 215 种，合格率为 89.6%。抽查中发现的主要问题见表 1。

表 1　历年抽查发现的主要问题（不合格项目）项次统计表

抽查时间	尺寸	吸水率	破坏强度	断裂模数	抗釉裂性	放射性
2008 年	2	3	4	2	0	0
2009 年	34	37	36	15	0	3
2010 年	10	13	14	10	1	1
2011 年	5	13	14	9	0	0
2012 年	9	10	7	4	1	1
合计	60	76	75	40	2	5

1. 放射性核素

近五年抽查的产品中，放射性核素不合格的有 5 项次，占不合格项目的 1.9%。主要原因是原料的放射性核素含量较高，投放前未能按要求检验、把关。

2. 破坏强度和断裂模数

近五年抽查的产品中，破坏强度不合格的有 75 项次，占不合格项目的 29.1%；断裂模数不合格的有 40 项次，占不合格项目的 15.5%。破坏强度和断裂模数项目直接关系到产品的使用寿命和装饰效果。破坏强度和断裂模数不合格的产品在使用中易造成断裂、破碎或缺楞少角等表面缺陷。导致产品破坏强度和断裂模数不合格的因素较多，需要对产品的原料配方、原料处理工艺、成型压力、成型水分、烧结工艺等各环节进行综合分析、改进。严格控制坯料成分、颗粒配比、成型水分、严格保证成型压力和烧成温度是提高破坏强度和断裂模数性能的有效措施。断裂模数和砖的厚度有很大关系，在往年国家监督抽查中发现，有个别企业通过更改模具，在陶瓷砖中间部位压上几个较深的背纹，来降低砖断裂面的最小厚度，从而达到增加断裂模数值的目的，但是会严重影响破坏强度值。

3. 吸水率

近五年抽查的产品中，吸水率不合格的有 76 项次，占不合格项目的 29.5%。吸水率不合格的产品在使用过程中会吸收水分，引起坯体吸湿膨胀，容易产生裂纹或剥落，甚至脱落伤人。吸水率较高的原因是烧制温度控制不严，烧制时间不合理，或者因为较多使用价廉质次原料致使配方不符合要求。

4. 尺寸

近五年抽查的产品中，尺寸不合格的有 60 项次，占不合格项目的 23.3%。尺寸超差会导致铺贴后陶瓷砖之间接缝不均，直接影响装饰效果。尺寸超差的主要原因：一是重视产量忽视质量，人为缩短烧制时间，导致尺寸偏差大；二是原料配比不合理，造成产品在干燥、烧制过程中收缩比例失控；三是企业出厂检验（成品分检）把关不严，尺寸检验仅流于形式，没有落到实处，导致所报工作尺寸与实际尺寸偏差较大。

5. 抗釉裂性

近五年抽查的产品中，抗釉裂性不合格的有 2 项次，占不合格项目的 0.8%。抗釉裂性较差的产品在使用中会造成陶瓷砖表面出现裂纹，影响产品的使用和装饰效果。抗釉裂性较差的主要原因是使用的釉料质量较差，或者烧釉温度、时间控制不合理等。

五、选购和使用提示

1. 选购提示

（1）根据使用的场所不同，一般室内墙面，比如厨房、卫生间墙面可选用釉面砖，耐污能力较强；卫生间地面选择防滑砖，客厅和卧室可选用抛光砖或瓷质仿古砖，这类砖强度和硬度较高；室外地面可选用瓷质广场砖，这类砖强度高，能够承受较大的负荷；室外墙面一般选用尺寸较小、吸水率不大的瓷质外墙砖，因为室外用砖常年累月的日晒雨淋，如果砖的吸水率大，砖体膨胀很容易脱落。

（2）检查产品包装箱上是否有厂名、厂址、产品名称、售后服务电话、规格、数量、商标、生产日期和所执行的标准，对于瓷质砖还需检查 CCC 认证标志，只有信息齐全的产品才可能是质量信得过的产品。对于室内装修的陶瓷砖，只选择放射性核素符合 A 类要求的产品。

（3）质量较好的陶瓷砖釉面应平滑、细腻，高光釉晶莹亮泽，亚光釉柔和舒适。在充足的光线照射下，将砖放在 1m 远处垂直观察，应看不到明显的釉面缺陷。有花纹的砖花色图案应细腻、逼真，没有明显的缺色、断线、错位等缺陷。砖背面的底纹、商标、标识等应清晰、完整，砖整体较少有缺釉、裂纹、棕眼、斑点等缺陷。

（4）轻轻敲击陶瓷砖，细听其声音，如发出金属般亮堂堂的声音，说明产品内在质量较好，强度较高；若有噪音或发木，说明产品可能存在夹层缺陷，强度可能较低。

（5）好的产品尺寸偏差较小，将一批砖垂直放在一个平面上，看有没有参差不齐的现象；再看平整程度，可将两块砖的边紧靠在一起，看看有没有缝隙。好的产品变形较小，铺贴后砖面平整美观。好的产品色差较小，拿几块砖拼放在一起，在充足的光线下仔细察看，如果产品之间色调深浅不一，铺贴后整体效果欠佳，同时要注意观察是否存在不同色号产品混装的情况。

2. 使用提示

（1）避免用坚硬的物体摩擦地面，以免使地面有划痕，对于经常需要移动的家具等，应在与地面接触部位垫上柔软的保护层。

（2）经常清理地面，减少灰尘，清理抛光砖时要拧干湿毛巾或拖布轻擦砖面。

（3）避免特殊的鞋子（如带钉的鞋子）直接接触地面。这样可以减少砖面划痕，保持砖面的美观。

（4）不宜将污水或腐蚀性物品倒在地面，以减少对砖的污染、腐蚀。

（5）防止重物砸击地面，以免砸碎砖面，影响美观。

（由国家建筑装修材料质量监督检验中心胡礼乐撰稿）

钢筋混凝土用热轧带肋钢筋

钢筋混凝土用热轧带肋钢筋（以下简称热轧带肋钢筋）在国民经济中占有举足轻重的地位。1985 年该产品首批列入国家产品质量监督抽查目录，1987 年国家对热轧带肋钢筋实施生产许可证管理。

一、产品简介

热轧带肋钢筋俗称“螺纹钢”，是由低合金钢经热轧成型，横截面通常为圆形、带有两道纵肋（或无纵肋）和沿长度方向均匀分布的横肋，交货方式为直条和盘条。见图 1。

a）

b）

图 1　热轧带肋钢筋

热轧带肋钢筋是产量最大的建筑用钢材，广泛用于房屋、公路、铁路、隧道、桥梁、电站、水利等工程建设中。

热轧带肋钢筋牌号由 HRB 和屈服强度特征值构成，H、R、B 分别为热轧、带肋、钢筋三个词的英文首位字母（见表 1），直径范围为 6～50mm。

表 1 钢筋牌号的构成及其含义

类 别	牌 号	牌号构成	英文字母含义
普通热轧钢筋	HRB335	由 HRB＋屈服强度特征值构成	HRB——热轧带肋钢筋(hot rolled ribbed bars)的英文缩写；E——“地震（earthquake)”的英文首位字母
	HRB400		
	HRB500		
	HRB335E	由 HRB＋屈服强度特征值＋E 构成	
	HRB400E		
	HRB500E		
细晶粒热轧钢筋	HRBF335	由 HRBF＋屈服强度特征值构成	HRBF——在热轧带肋钢筋的英文缩写后加“细（fine)”的英文首位字母
	HRBF400		
	HRBF500		

二、行业概况

2011 年，我国热轧带肋钢筋产量达到 15405.6 万吨，占钢材总产量近 20%。目前已取得热轧带肋钢筋产品生产许可证的企业有 354 家，其中大型企业约占 30%，中型企业约占 40%，小型企业约占 30%。生产企业遍布全国 29 省（市），其中江苏、河北、山东、安徽、四川等地较为集中，产量占全国热轧带肋钢筋总产量的 45%左右。

近年来，我国基础建设投资较大，随着城镇化建设的不断推进，热轧带肋钢筋的用量逐年增加，国家积极推广应用高强钢筋，400MPa 高强钢筋用量逐年增加，至 2011 年其产量已占热轧带肋钢筋总产量的 45%左右；500MPa 强度级别热轧带肋钢筋纳入 GB 50010—2010《混凝土结构设计规范》时间较短，使用量少，因此企业目前基本以生产 HRB335 和 HRB400 两个牌号产品为主。

我国热轧带肋钢筋生产装备已达到国际先进水平，工艺较为稳定，产品质量水平逐年提高。

三、标准解读及关键指标分析

1. 标准总体情况

我国热轧带肋钢筋产品标准为 GB 1499.2—2007《钢筋混凝土用钢　第 2 部分：热轧带肋钢筋》，属于热轧钢筋标准体系中的一部分。

热轧带肋钢筋的检验与试验标准体系主要有：

GB/T 222《钢的成品化学成分允许偏差》

GB/T 223《钢铁及合金化学分析方法》系列相关标准

GB/T 228.1《金属材料　拉伸试验　第 1 部分：室温试验方法》

GB/T 232《金属材料　弯曲试验方法》

GB/T 2101《型钢验收、包装、标志及质量证明书的一般规定》

GB/T 4336《碳素钢和中低合金钢火花源原子发射光谱分析方法（常规法）》

GB/T 6394《金属平均晶粒度测定法》

GB/T 17505《钢及钢产品交货一般技术要求》

GB/T 20066《钢和铁　化学成分测定用试样的取样和制样方法》

YB/T 081《冶金技术标准的数值修约与检测数值的判定原则》

YB/T 5126《钢筋混凝土用钢筋弯曲和反向弯曲试验方法》

2. 关键指标分析

（1）力学性能

力学性能是钢筋的关键质量指标，包含屈服强度、抗拉强度、断后伸长率、最大力下总伸长率等项目。

1）屈服强度：当金属材料呈现屈服现象时，在试验期间达到塑性变形发生而力不增加的应力点；

2）抗拉强度：相应最大力对应的应力；

3）断后伸长率：断后标距的残余伸长与原始标距之比的百分率；

4）最大力总伸长率：最大力时原始标距的总延伸（弹性延伸加塑性延伸）与引伸计标距之比的百分率。

5）抗震性能：具有抗震性能的钢筋除应满足上述指标要求外，还需要满足钢筋的实测抗拉强度与实测屈服强度之比不能小于 1.25；钢筋实测屈服强度与标准规定的屈服强度特征值之比不能大于 1.30；最大力总伸长率不小于 9%。

（2）工艺性能

工艺性能试验通常是指弯曲试验，弯曲试验分为冷弯和反弯。冷弯是按规定的弯心直径弯曲 180°，反弯是先正向弯曲 90°后再反向弯曲 20°，钢筋受弯曲部位表面不得产生裂纹。

（3）化学成分

热轧带肋钢筋中化学元素主要是五大元素，具体是：碳（C）、硅（Si）、锰（Mn）、磷（P）、硫（S）。碳当量（Ceq）是用于衡量热轧带肋钢筋可焊性的指标。

（4）尺寸

影响热轧带肋钢筋质量的主要尺寸指标是内径、横肋高、横肋间距等，横肋形状呈月牙形（见图 2）。热轧带肋钢筋的表面形状决定着与混凝土的粘结力。

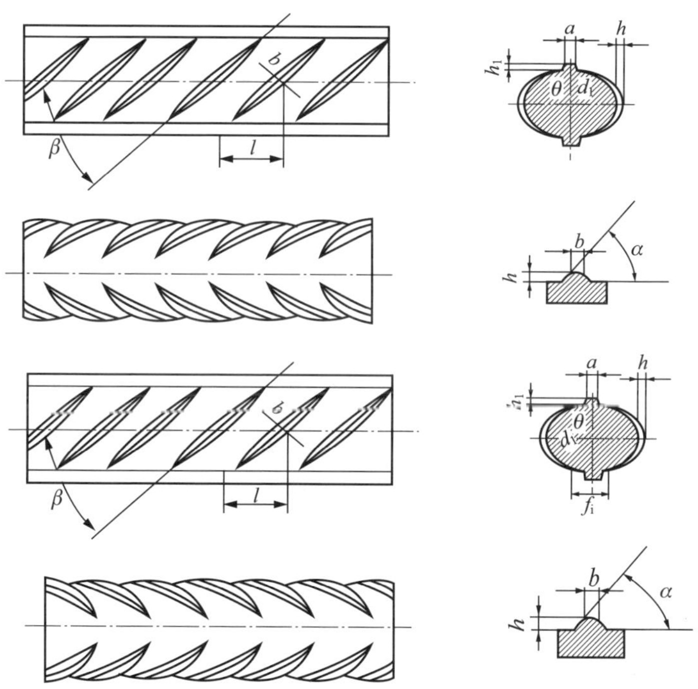

d_1—钢筋内径；α—横肋斜角；h—横肋高度；β—横肋与轴线夹角；
h_1—纵肋高度；θ—纵肋斜角；a—纵肋顶宽；l—横肋间距；
b—横肋顶宽；f_i—横肋末端间隙

图 2　月牙肋钢筋（带纵肋）表面及截面形状示意图

(5) 重量偏差

热轧带肋钢筋重量偏差的影响因素主要是内径、横肋高、横肋间距。重量偏差符合标准要求时，钢筋内径偏差可不作为交货条件。

重量偏差的计算公式为：

$$重量偏差=\frac{试样实际总重量-（试样总长度\times理论重量）}{试样总长度\times理论重量}\times100$$

(6) 表面牌号标志

按标准规定，热轧带肋钢筋应在其表面轧上牌号标志，还可依次轧上经注册的厂名（或商标）和公称直径毫米数字。表面牌号标志只在公称直径大于10mm的热轧带肋钢筋表面上进行轧制，公称直径不大于10mm的热轧带肋钢筋，可不轧制标志，可采用挂标牌方法。通常使用的普通热轧带肋钢筋牌号及标志示例见表2。

表2　普通热轧带肋钢筋牌号及标志示例

牌　号	标　志
HRB335	
HRB335E	
HRB400	
HRB400E	
HRB500	

四、常见的主要问题

自2005年以来，对热轧带肋钢筋产品共进行了12次国家监督抽查，抽查发现的主要问题是：

1. 屈服强度

屈服强度不合格主要集中在高牌号、小规格产品中。

2. 化学成分

化学成分不合格，主要是C、P、S三个元素化学成分超标。

3. 重量偏差

重量偏差不合格是负偏差超出标准规定值。

造成上述现象的原因主要是：

（1）高牌号、小规格产品生产工艺技术不稳定；

（2）生产工艺技术规程执行不严格；

（3）未严格按照产品标准进行出厂检验。

五、选购和使用提示

热轧带肋钢筋是建筑工程的重要材料，选购时应注意察看钢筋的标识、外观，有条件时可测量其尺寸。

1. 标识

热轧带肋钢筋的标识包括标牌、质量证明书及实物的表面标志。

标牌内容：企业名称、产品名称、执行标准、产品牌号、规格、炉（批）号、生产许可证号等。标牌示例见图3。

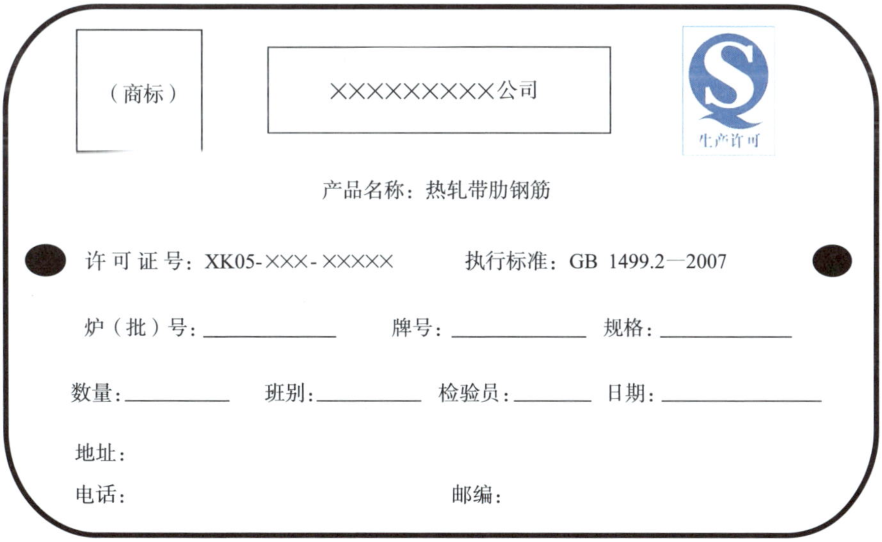

（商标）　XXXXXXXXXX公司　生产许可

产品名称：热轧带肋钢筋

许 可 证 号：XK05-XXX-XXXXX　　执行标准：GB 1499.2—2007

炉（批）号：＿＿＿＿＿　牌号：＿＿＿＿＿　规格：＿＿＿＿＿

数量：＿＿＿＿　班别：＿＿＿＿　检验员：＿＿＿＿　日期：＿＿＿＿＿

地址：

电话：　　　　　　　　邮编：

图3　标牌示例

合同编号：

订货单位：

收货单位：

××××××× 公司

质量证明书

生产许可

证明书号：

到　站：

车　号：

执行标准：	GB 1499.2—2007			产品名称：钢筋混凝土用热轧带肋钢筋																			
批号	钢号	炉号	规格	化学成分/%								机械性能								定尺长度 m	捆数	重量 t	生产日期
				碳	锰	硅	磷	硫	钒	铌	碳当量	屈服强度	抗拉强度	延伸率	最大力总伸长率	强屈比	屈屈比	冷弯	反弯				
				C	Mn	Si	P	S	V	Nb	Ceq	R_{el}/MPa	R_{m}/MPa	A/%	A_{gt}/%	$R_{m}^{\circ}/R_{L}^{\circ}$	$R_{ml}^{\circ}/R_{L}^{\circ}$	180° d	90° /20°				
交货状态：热轧																							
备注	1. 无产品质量证明专用章无效。 2. 本质量证明书复制无效。																	（产品质量证明书专用章）					

地址：

邮编：

质量检验负责人：

电话（Tel）：

传真（Fax）：

开证员（签字）：

日期：　年　月　日

图 4　产品质量证明书示例

产品质量证明书是生产企业证明其产品合格的书面文件。其内容包括厂名、商标、产品名称、执行标准、牌号、规格、炉（批）号、重量、产品化学成分和力学及工艺性能的检验数据、生产许可证号、地址等，并盖有产品质量证明专用公章。产品质量证明书示例见图 4。

公称直径大于 10mm 的热轧带肋钢筋表面标志应轧有牌号，还可依次轧上经注册的厂名（或商标）和公称直径毫米数字。产品表面标志示例见图 5。

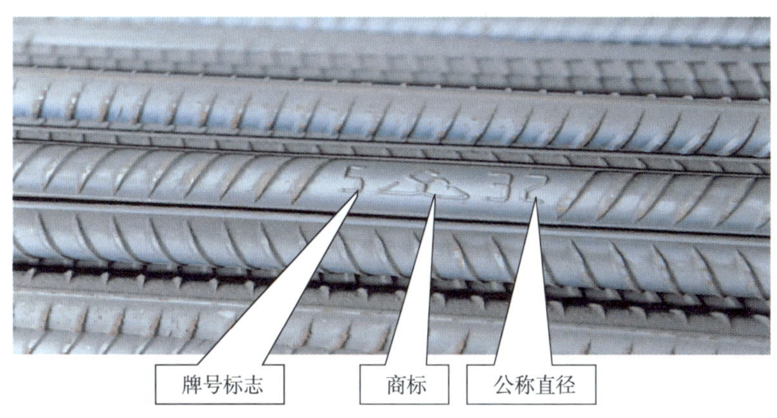

图 5　产品表面标志示例

2. 外观、尺寸

消费者判定钢筋的尺寸是否符合标准，可用游标卡尺对其进行测量；对外观质量，主要看钢筋表面有无影响使用的缺陷。

（由国家建筑钢材质量监督检验中心朱建国撰稿）

冷轧带肋钢筋

一、产品简介

冷轧带肋钢筋是指热轧圆盘条经冷轧后，在其表面带有沿长度方向均匀分布的三面或二面横肋的钢筋。1968 年由德国、荷兰、比利时研制成功，1973 年起在欧洲（德国、奥地利、意大利、英国等）及美国等地得到了大量应用。我国于 20 世纪 80 年代中期引进国外设备，开始生产冷轧带肋钢筋产品，并推广使用。

冷轧带肋钢筋牌号由 CRB 和国家标准规定的牌号的抗拉强度最小值构成，C、R、B 分别为冷轧（cold rolled）、带肋（ribbed）、钢筋（bar）三个词的英文首位字母。按照 GB 13788—2008《冷轧带肋钢筋》的规定，冷轧带肋钢筋包括 CRB550、CRB650、CRB800 、CRB970 四个牌号级别，CRB550 的公称直径范围为 4～12mm，CRB550 以上牌号的直径为 4mm、5mm、6mm。冷轧带肋钢筋外形示例见图 1。

目前冷轧带肋钢筋的应用，多数国家采用钢筋焊接网的形式。钢筋焊接网是指纵向钢筋和横向钢筋分别以一定的间距排列且互成直角、全部交叉点均用电阻点焊方法焊接在一起的网片。钢筋焊接网实行工厂化生产，便于施工，能增强混凝土抗裂能力，具有较好的综合经济效益和社会效益。但在我国以钢筋焊接网形式应用的冷轧带肋钢筋比率还很低，多数仍采用直条捆扎的方式应用。

图1 冷轧带肋钢筋示例图

CRB550级是目前国内冷轧带肋钢筋中应用最多的一个牌号，常用作钢筋混凝土结构构件中的受力板筋、箍筋、分布筋及预应力构件中的非预应力筋等。

冷轧带肋钢筋具有强度高、节约钢材、粘结锚固性好、便于施工等特点。

二、行业概况

截至2012年，我国冷轧带肋钢筋取得生产许可证企业有1264家，总产能约2000万吨。2011年全国联动抽查企业情况调查结果显示：目前我国有生产能力的企业数量约为800家，设计产能为1万吨以下（包含1万吨）的企业约占企业总数的86%，其中设计产能为5000吨（包含5000吨）以下的小企业约占企业总数的60%。

冷轧带肋钢筋生产企业分布在全国大多数省份，其中四川、重庆、湖南、湖北四省（市）的生产企业数量，占到全国企业总数的一半以上。

冷轧带肋钢筋是一种深加工产品，投资少，见效快，因此生产厂家较多，但多数企业规模较小。就生产装备状况而言，生产装备水平参差不齐，产品质量差异较大，企业发展水平不平衡。由于冷轧带肋钢筋的历史原因和产品规格范围、力学性能的局限性，在工程应用中使用面相对较窄，尽管标准中规定有四个牌号，但目前通常使用的冷轧带肋钢筋仅以CRB550牌号为主。

与国际先进水平相比，我国冷轧带肋钢筋生产装备水平整体偏低；目前，国际上以钢筋焊接网的形式应用比例较高，我国在这一方面与国外相比，使用比例偏低，还有待进一步提高。

三、标准解读及关键指标分析

1. 标准总体情况

冷轧带肋钢筋产品标准 GB 13788—2008 是强制性国家标准。

冷轧带肋钢筋的检验与试验标准体系主要有：

GB/T 222《钢的成品化学成分允许偏差》

GB/T 228.1《金属材料　拉伸试验　第1部分：室温试验方法》

GB/T 232《金属材料　弯曲试验方法》

GB/T 238《金属材料　线材　反复弯曲试验方法》

GB/T 701《低碳钢热轧圆盘条》

GB/T 2101《型钢验收、包装、标志及质量证明书的一般规定》

GB/T 2103《钢丝验收、包装、标志及质量证明书的一般规定》

GB/T 4354《优质碳素钢热轧盘条》

GB/T 10120《金属应力松弛试验方法》

GB/T 17505《钢及钢产品交货一般技术要求》

YB/T 081《冶金技术标准的数值修约与检测数值的判定原则》

2. 关键指标分析

依据 GB 13788—2008 的要求，冷轧带肋钢筋必须对下列项目进行检验：

（1）力学性能

力学性能是钢筋的关键质量指标，包含屈服强度、抗拉强度、伸长率、松弛性能等项目。

1）屈服强度：当金属材料发生屈服现象时，在试验期间达到塑性变形发生而力不增加的应力点；

2）抗拉强度：相应最大力对应的应力；

3）伸长率：原始标距的伸长与原始标距之比的百分率；

4）应力松弛（适用于 CRB650 及以上级别）：在规定温度和规定约束条件下金属材料的应力随时间而减少的现象。

（2）工艺性能

工艺性能试验通常是指弯曲试验和反复弯曲试验。

1）弯曲试验（仅适用于 CRB550 级别）：按规定的弯心直径（与样品规格有关）弯曲 180°，钢筋受弯曲部位表面不得产生裂纹。

2）反复弯曲试验（适用于 CRB650 及以上级别）：将试样一端固定，绕规定半径的圆柱支座弯曲 90°，再沿相反方向弯曲的重复弯曲试验。用以检验金属材料的耐重复弯曲性能，并显示其缺陷。

（3）尺寸

标准规定冷轧带肋钢筋的表面形状为月牙肋，钢筋的尺寸指标主要为横肋中点高、横肋间距等。横肋中点高、横肋间距都会影响到钢材和混凝土之间的粘结力，从而影响钢筋混凝土构件的质量，影响建设工程质量。三面肋钢筋表面及截面形状见图 2，二面肋钢筋表面及截面形状见图 3。

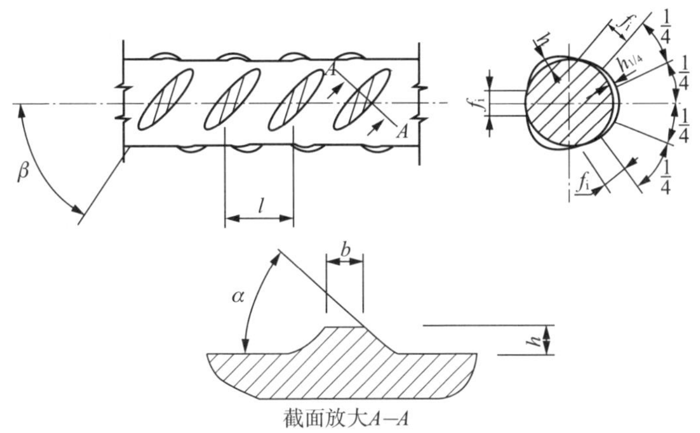

α—横肋斜角；β—横肋与钢筋轴线夹角；h—横肋中点高；

l—横肋间距；b—横肋顶宽；f_1—横肋间隙

图 2　三面肋钢筋表面及截面形状

（4）表面质量

冷轧带肋钢筋表面不允许有裂纹、折叠、结疤、油污及其他影响使用的缺陷；表面可有浮锈，但不得有锈皮及目视可见的麻坑等腐蚀现象。

（5）重量偏差

重量偏差是指冷轧带肋钢筋实际重量与理论重量的偏差（%），影响重量偏差的因素主要有横肋中点高、横肋间距等。

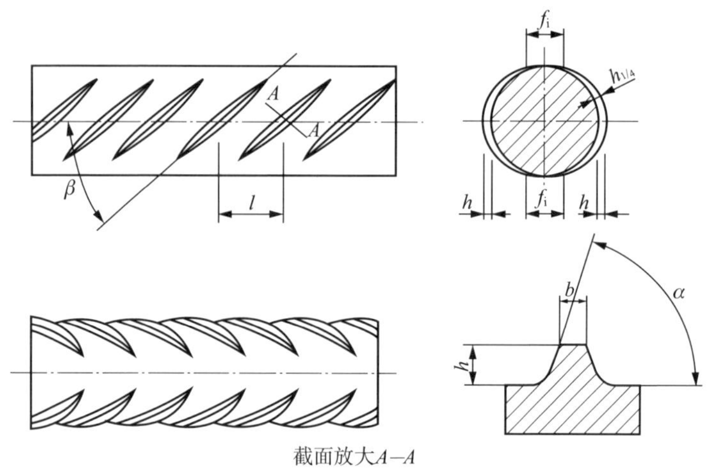

截面放大A—A

α—横肋斜角；β—横肋与钢筋轴线夹角；h—横肋中点高度；

l—横肋间距；b—横肋顶宽；f_1—横肋间隙

图3　二面肋钢筋表面及截面形状

四、常见的主要问题

2011年，国家质检总局组织的冷轧带肋钢筋全国联动抽查中发现的主要问题是：

1. 尺寸

（1）生产冷轧带肋钢筋的过程中，未能选用与所生产产品匹配的原材料，无法保证冷轧带肋钢筋产品的尺寸符合标准要求。

（2）国内冷轧带肋钢筋生产设备水平偏低。还有一定数量的企业采用拔丝模减径或拉拔式减径方式进行生产，这种生产方式对产品质量影响很大。

（3）部分生产企业产品质量意识不强。

2. 重量偏差

企业为了降低生产成本，对影响重量偏差的轧制辊环未能按规定及时更换，追求利益最大化。

五、选购提示

冷轧带肋钢筋是建筑工程的重要材料，选购时应注意察看钢筋的标识、外观，有条件时可测量其尺寸。

1. 标识

冷轧带肋钢筋的标识包括标牌、质量证明书和钢筋表面标志。

标牌内容：企业名称、产品名称、执行标准、产品牌号、规格、炉（批）号、生产许可证号等。标牌示例见图 4。

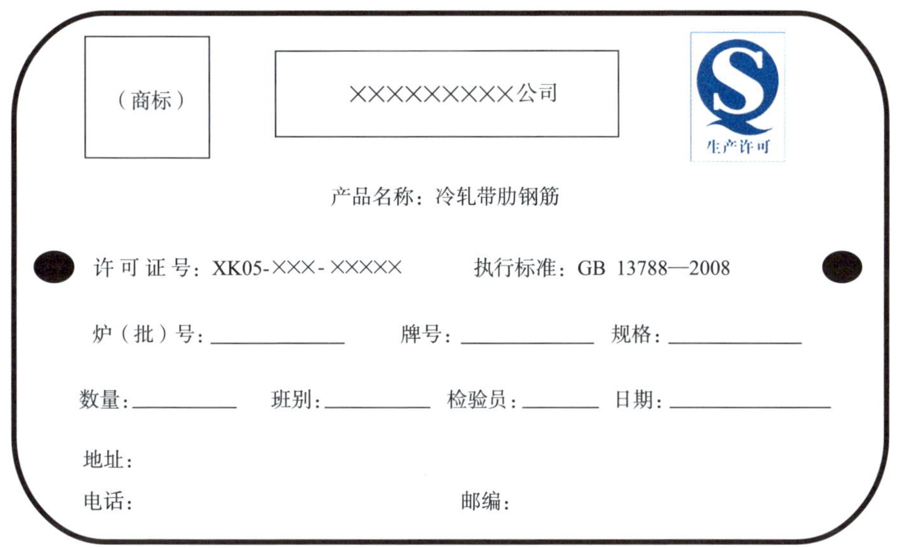

图 4　冷轧带肋钢筋标牌示例

产品质量证明书是生产企业证明其产品合格的书面文件。其内容包括厂名、商标、产品名称、执行标准、牌号、规格、炉（批）号、重量、产品力学及工艺性能的检验数据、生产许可证号、地址等，并盖有产品质量证明专用公章。产品质量证明书示例见图 5。

钢筋应轧上明显的钢筋牌号标志，标志间距为横肋间距的两倍，标志间距内的一条横肋取消，表面牌号标志示例见图 6。

2. 外观、尺寸

消费者判定钢筋的尺寸是否符合标准，可用游标卡尺对其进行测量；对外观质量，主要看钢筋表面有无影响使用的缺陷。

XXXXXXXXXXX 公司

质 量 证 明 书

执行标准：GB13788–2008

订货单位：

车　号：

产品名称：冷轧带肋钢筋

合格证号：

生产许可证：

批　号	规格/mm	重量/t	屈服强度/MPa	抗拉强度/MPa	强屈比	伸长率/%		弯曲试验180°	反复弯曲次数
						$A_{11.3}$	$A_{10.0}$	$D=3d$	
重量合计/t									（产品质量证明书专用章）
检验结果									
备注	1.无产品质量证明专用章无效。 2.本质量证明书复制无效。								

电话：　　　　邮编：　　　　质量检验员：

地址：　　　　签发日期：　年　月　日

图 5　质量证明书示例

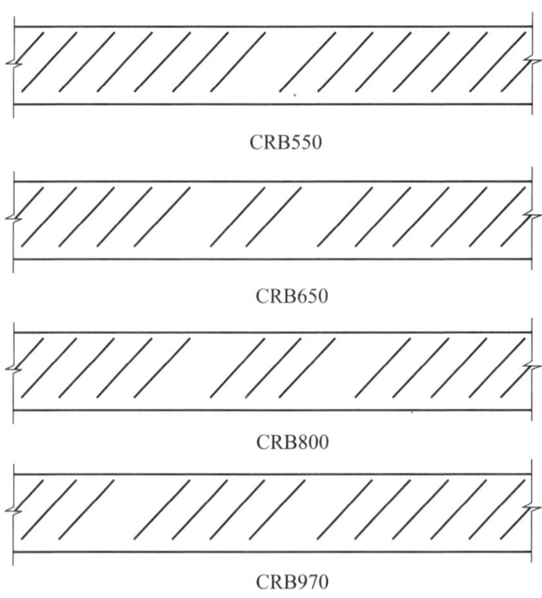

图 6　表面牌号标志示例

（由国家建筑钢材质量监督检验中心朱建国撰稿）

陶瓷片密封水嘴

一、产品简介

水嘴（俗称水龙头）是对水介质实现启、闭及控制出水流量和出水温度的一种终端装置，是家庭及公共场所必备的生活用水器具。目前市场上的水嘴品种和款式众多，如陶瓷片密封水嘴、螺旋升降式水嘴、金属水嘴、塑料水嘴、感应水嘴、延时水嘴、恒温水嘴等。从产品原理上看，目前主要以陶瓷片密封水嘴为主导，据不完全统计，陶瓷片密封水嘴的销售量占市场的98%以上。螺旋升降式水嘴具有款式单一、使用寿命短、不节水等缺点，已被陶瓷片密封水嘴所取代。陶瓷片密封水嘴因具有使用方便、款式美观多样、使用寿命长、节水性能好等特性而成为市场及消费的主流。

陶瓷片密封水嘴按用途可分为七种类型：普通、面盆、浴盆、洗涤、净身、淋浴、洗衣机用。普通、洗衣机用多为单控（冷水用），面盆、浴盆、洗涤、净身、淋浴多为双控（冷热水混合用）。市场及百姓家中常见的七种水嘴见图1。

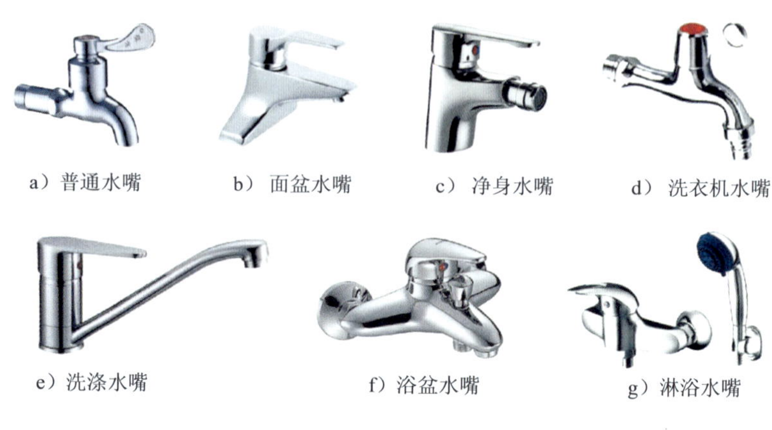
a）普通水嘴　b）面盆水嘴　c）净身水嘴　d）洗衣机水嘴
e）洗涤水嘴　f）浴盆水嘴　g）淋浴水嘴

图 1　七种水嘴

二、行业概况

1. 生产企业数和分布

我国陶瓷片密封水嘴内销生产企业约 260 家，大多数是中小型企业，比例占 85%以上，主要集中在福建、广东、浙江、北京、河北、江苏以及上海等地。广东开平、福建南安、浙江温州和台州地区为三个主产地，企业集中，已形成了产业链比较完整的产业群，配套比较成熟，中小型企业数量较大，以民营企业为主，占全国总产量的 95%以上。

2. 主产区相关情况

（1）浙江温州和台州是我国陶瓷片密封水嘴的主产区之一，除 5 家大型企业外，绝大多数为中小型企业，分布在温州市龙湾区、台州玉环县等地，产品多销往国外，内销市场限于周边部分省市，品牌知名度不高。

（2）广东开平是我国陶瓷片密封水嘴的主产区之一，除 8 家大型企业外，绝大多数为中小型企业，主要针对国外市场，内销市场空间狭小，品牌知名度不高。

（3）福建南安也是我国陶瓷片密封水嘴的主产区之一，除 10 家大型企业外，多为中小型企业。产品以内销为主导，产量的 92%以上国内销售，国内市场份额较大，约占 50%。由于南安起步相对晚，周边的配套已成熟。该区域以生产成品为主，在全国范围的各省市都有销售，在品牌运作、销售网络上均较成熟。

其他地区的企业数量较少，以大中型企业居多，企业整体实力较强。这些企业规模较大，产品档次较高，凭借高起点的产品定位、规模庞大的企业产能和完善的物流和售后服务占据着行业的高端地位。

3. 行业特点和发展水平

我国水嘴生产企业主要由外资企业、大型内资企业、中小型私营企业组成。目前国内的大型企业和外资企业发展形势相对较好，在销售网络、生产规模、技术研发上都具有较强实力。大型内资企业品牌、标准及质量意识走在民族企业前列，已经是行业的领军者，进入了良性发展趋势，一直在很多市场领域和国际跨国大品牌相竞争。长此以往，这些企业的优势将越发明显，必将逐步占领更多的市场份额。而中小型企业，特别是大量的小型企业，为外贸与内销兼顾型企业，在生产规模及技术能力上差距很大，没有自己的独立品牌，成品库内库存量较小，按照客户的要求和订单进行生产，这些企业的生存空间狭窄、发展形势较差。因此在外资和大企业的挤压和竞争下，中小型企业生存将越来越困难，水嘴行业面临洗牌和重新整合，必将对整个行业带来阵痛，但有利于行业的健康有序发展，有利于产品质量水平的整体提升。

目前影响我国水嘴质量水平发展的主要因素有：一是用水健康和出水安全的要求，二是我国居民生活品质提升的需要，三是我国节能减排的迫切性。可以说水嘴质量的好坏必须统筹解决好这三个方面的问题。目前陶瓷片密封水嘴存在的主要质量问题集中反映在管螺纹精度、酸性盐雾试验、冷热疲劳试验、冷热水标志、流量（不带附件）等项目不合格上。

4. 国内外发展趋势比较

国内产品与国际领先产品的差异，最关键的并不是水龙头产品上的差异，而是国内外城市供应水的系统规范性的差异，包括地下排水系统，行业内也缺乏相关的标准。国外对城市供水系统有明确的规范，例如怎么样建一个房子，实施什么样的标准化等。而国内没有统一的供水系统，很多供水管用的是镀锌管、铸铁管、塑料管等组成的混合管网，而美国用的是铜管，欧洲用的是PPR管，并有标准的供水系统。此外，国外的城市热水供应是统一的，但国内最多只有一些高档的小区在进行统一热水供应，但都形不成规模，也难以产生效益。由于水源不一样，导致水的压力也不一样，差别很大，尤其是冷水与热水的水压差别很大，制约了国内卫浴的标准化发展，让标准化难以实现。

目前国内卫浴产品呈现多样化的发展趋势，环保将成为卫浴产品今后的发展方向。作为现代化生活的标志性用品，进入人们生活的方方面面，不仅具有卫生与清洁功能，还包括保健功能、欣赏功能以及娱乐功能。在使用功能方面，仅水暖卫浴产品的出水方式就出现了起泡式、静音式、直流式、恒流式、恒温式、喷射式、瀑布式、触摸式、非接触式、按摩式等。

三、标准解读及关键指标分析

1. 标准总体情况

目前我国已经发布的涉及陶瓷片密封水嘴的标准主要有：

(1) GB 18145—2003《陶瓷片密封水嘴》

目前陶瓷片密封水嘴涉及的主要标准 GB 18145—2003 发布至今已有十年，从历次抽查结果对比分析发现，现有检验项目的合格率基本保持稳步提高的态势，这个结果说明随着企业技术水平的不断提升，对此标准的执行已较到位，修订 GB 18145—2003《陶瓷片密封水嘴》以督促企业调整生产工艺、管理水平和技术装备，来满足市场、消费者、企业和用户等各方面需求的任务也比较紧迫。

(2) GB 25501—2010《水嘴用水效率限定值及用水效率等级》

水嘴的水效标准 GB 25501—2010《水嘴用水效率限定值及用水效率等级》于 2011 年 1 月 10 日正式发布，2011 年 7 月 1 日实施。该标准主要规定了水嘴的用水效率限定值以及节水评价值。通过近三年的国抽情况来看，目前陶瓷片密封水嘴生产企业均执行 GB 18145—2003。根据对行业的调查和了解，GB 25501—2010的宣传和执行力度还不够，仅部分大型企业正准备逐步实施，这个标准的有力实施对促进我国节能减排政策的实施将起到巨大的推动作用。

(3) JC/T 1043—2007《水嘴铅析出限量》

该标准规定了安装在供水管路末端的铜材质供饮用水的水嘴的铅析出的技术要求和检验方法，要求水嘴的铅检测统计值不大于 11μg/L。

(4) HJ/T 411—2007《环境标志产品技术要求 水嘴》

该标准规定了安装在厨房、盥洗室（如：洗手间、浴室）等卫生设施上的水嘴（如：普通水嘴、面盆水嘴和厨房洗涤水嘴等，不包括浴盆水嘴和淋浴水嘴）与水接触部分的重金属析出量不得大于表 1 中规定的限值。

表 1　水嘴与水接触部分重金属析出量限值

元　素	Pb[a]	Cr	Cd	As
限值/（μg/L）	5	10	0.5	1.0

[a] 如果 Pb 析出量大于 5μg/L，则需加大样品抽取量检测并计算测试结果统计量 Q，同 11μg/L 进行比较，若 $Q \leqslant 11$μg/L，则判定合格；若 $Q > 11$μg/L，则判定此水嘴重金属 Pb 元素析出量不合格。

受到“三聚氰胺”、“H1N1”等事件的影响，消费者对于健康的关注度急剧提高，对于绿色、环保概念的卫浴产品较为偏爱。目前欧盟增加多环芳香烃（PAHs）含量要求，欧盟高度关注物质检测从 8 项高度关注物质，增加到 84 种高度关注物质要求。北美 NSF 标准升级，加州低铅法案强制要求等都是进入该地区的门槛。随着居民生活水平的不断提高，以及近几年国人对食品安全问题关注度的不断提升，出台水嘴的有毒有害物质限量方面的强制性国家标准，从对水嘴产品的材料中对人体有毒有害重金属元素的检测入手，对锌合金水嘴，回收铜、杂质铜水嘴的监管做到有法可依，确保用户人身健康已经是迫在眉睫。

2. 关键指标分析

陶瓷片密封水嘴的关键指标共计 8 个：管螺纹精度、冷热水标志、流量（带附件）、流量（不带附件）、密封性能、阀体强度、酸性盐雾试验和冷热疲劳试验。具体分析如下：

（1）管螺纹精度

水嘴接口的螺纹需要具备一定的精度来满足安装的需要，以管螺纹精度表示。国家标准规定，管螺纹精度应符合 GB/T 7306.1—2000 或 GB/T 7306.2—2000 或 GB/T 7307—2001 的规定，其中按 GB/T 7307—2001 的外螺纹应不低于 B 级精度。管螺纹精度差的水嘴安装困难甚至无法正常安装，造成跑、冒、滴、漏，浪费水，甚至安装使用后会出现接头脱落“水漫金山”的现象。

（2）冷热水标志

水嘴在使用中需要标明正确的冷热水来源，这就是冷热水标志。国家标准规定，冷热水标志应清晰，蓝色（或 C 或冷字）表示冷水，红色（或 H 或热字）表示热水。双控水嘴冷水标志在右，热水标志在左。没有冷热水标志或标错的水嘴易导致意外烫伤。

（3）流量（带附件）

面盆、洗涤及厨房水嘴在使用中需要控制流量约束水流以达到节约用水的效果，一般会通过在出水口处安装起泡器或借助其他附件来控制流量和防止散花。流量也是水嘴必须达到的一个强制性节水指标。国家标准规定面盆、洗涤及厨房水嘴（带附件）在动态压力为0.1MPa±0.01MPa水压下，流量不大于0.15L/s。流量（带附件）超标不合格，会造成不必要的水资源浪费，增加影响居民家庭的水费支出，不利于我国节能减排政策的贯彻执行。

（4）流量（不带附件）

水嘴，特别是浴盆、面盆和洗涤水嘴，在使用中需要保证一定的出水量来提供良好洗刷效果和控制放水时间，这就是流量（不带附件）的指标要求。流量（不带附件）偏小的产品在使用中的洗刷效果较差，放水时间较长。国家标准规定，在动态压力为0.3MPa±0.02MPa水压下，浴盆水嘴（不带附件）流量不小于0.33L/s，面盆、洗涤等其他水嘴（不带附件）流量不小于0.20L/s。

（5）密封性能

水嘴的密封性能是直接决定水嘴是否漏水的指标。国家标准规定，水嘴的阀芯、连接件需承受1.6MPa的水压，隔墙、上密封需承受0.4MPa的水压而不漏水。这也是国家标准的一项强制性要求，如达不到要求，在正常的长期使用中由于供水压力的波动将可能导致出现漏水现象，严重的会影响到用户的财产安全。

（6）阀体强度

阀体强度同密封性能一样都是国家标准的强制性要求，主要考核水嘴壳体的耐压性能。国家标准规定，水嘴的进水部位（阀座下方）应能承受2.5MPa的水压，而无变形、无渗漏，出水部位（阀座上方）应能承受0.4MPa的水压，无渗漏。阀体强度达不到标准要求，长期使用中由于供水压力的波动或冲击可能出现漏水现象，甚至阀体开裂变形，进而影响到用户的财产安全。

（7）冷热疲劳试验

水嘴在长期使用中需要具备一定的寿命周期，典型的表现指标就是冷热疲劳试验。国家标准规定，水嘴经冷热疲劳试验后应符合密封性能的要求。冷热疲劳试验不合格的产品在长期使用中易发生渗漏、漏水现象。

（8）酸性盐雾试验

水嘴表面需要有一定的涂、镀层，起到耐腐蚀和美观的作用，其效果的好坏用酸性盐雾试验来表示。国家标准规定，进行 24h 酸性盐雾试验后应达到 10 级标准。酸性盐雾试验不合格的产品在使用中易发生锈蚀，起不到保护作用，也影响美观和使用。

四、常见的主要问题

历次国家抽查中暴露出的陶瓷片密封水嘴的质量问题突出表现在管螺纹精度、酸性盐雾试验上，在冷热水标志、流量（不带附件）、冷热疲劳试验项目上也出现了不少问题。

1. 管螺纹精度

国家标准规定管螺纹精度应符合 GB/T 7306.1—2000 或 GB/T 7306.2—2000 或 GB/T 7307—2001 的规定，其中按 GB/T 7307—2001 的规定，外螺纹应不低于 B 级精度。管螺纹精度项目不合格原因、造成的影响和解决办法见图 2。

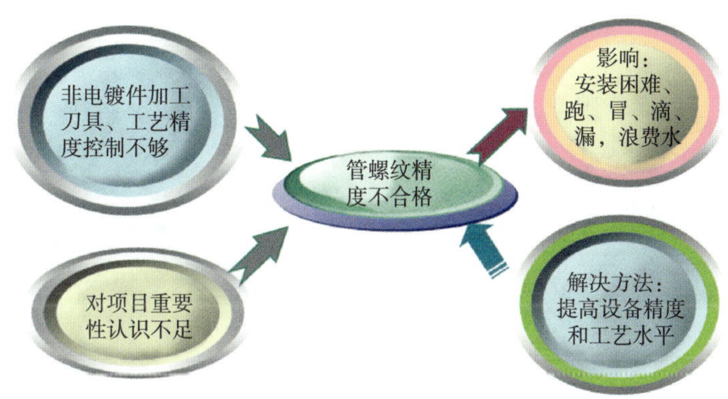

图 2　管螺纹精度项目分析

2. 酸性盐雾试验

国家标准规定，进行 24h 酸性盐雾试验后应达到 10 级标准。酸性盐雾试验不合格的产品在使用中易发生锈蚀，起不到保护作用，也影响美观和使用。

（1）不合格的主要原因

1）在原材料的选择上，水嘴的阀体、手柄和阀盖选用质量较差的回收铜合金、易生锈的铸铁、不耐腐蚀的锌合金等材质。

2）在生产工艺上，对铸造工序、镀前处理的打磨和抛光工艺控制不严；不能认真执行电镀工艺规范和电镀时间要求。

（2）解决办法

1）选材：水嘴的阀体、手柄和阀盖选用质量较好的铸造黄铜或铜合金，摈弃易生锈的铸铁、不耐蚀的锌合金等材质。

2）工艺：采用金属型铸造水嘴阀体，重视铸造工序；做好镀前处理的打磨和抛光工艺；严格执行电镀镍-铬工艺规范，加强工艺管理，保证镀层厚度。

3. 冷热水标志

国家标准规定，冷热水标志应清晰，蓝色（或C或冷字）表示冷水，红色（或H或热字）表示热水。双控水嘴冷水标志在右，热水标志在左。冷热水标志不合格的主要原因是企业对标准中冷热水标志的理解错误，或者是操作随意性强而误将标志标错。没有冷热水标志（见图3）或标错的水嘴（见图4）易导致意外烫伤。水嘴生产企业在组织生产时应加强对标准的学习和贯彻执行，避免此项目的不合格。

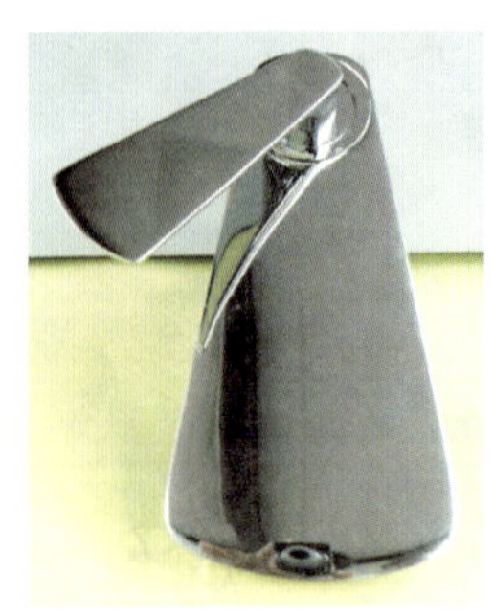

图3　无冷热水标志的产品

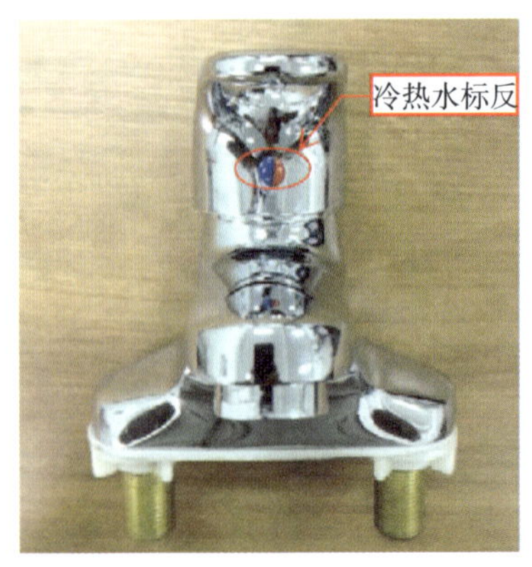

图4　冷热水标志标反的产品

4. 流量（不带附件）

国家标准规定，在动态压力为0.3 MPa±0.02 MPa水压下，面盆、洗涤等其他水嘴（不带附件）流量不小于0.20 L/s，浴盆水嘴流量不小于0.33 L/s。流量（不带附件）不合格的原因是企业选用阀芯不当、阀体内水流过径面积过小或缺乏相应的检测设备来检测水嘴流量而忽略了其使用性能。流量（不带附件）偏小的产品在使用中的洗刷效果较差，放水时间较长。企业在采购或生产阀芯时应加强质量控制。

5. 冷热疲劳试验

国家标准规定，水嘴经冷热疲劳试验后应符合密封性能的要求。冷热疲劳试验项目不合格原因、造成的影响和解决办法见图 5。

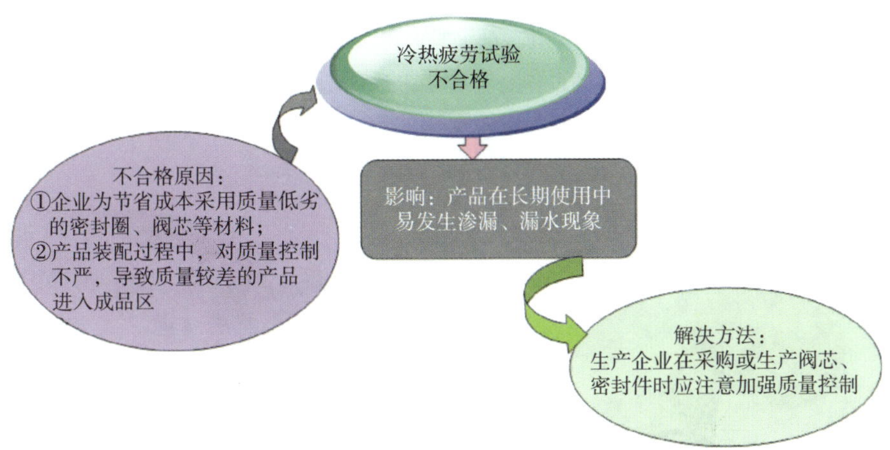

图 5　冷热疲劳试验项目分析

五、选购和使用提示

1. 选购提示

（1）看表面

水嘴表面一般都做了电镀处理。质量好的水嘴的镀层工艺要求较高，表面光泽度均匀，无毛刺、气孔以及氧化斑点等（见图 6 和图 7）。

图 6　电镀表面处理较好的水嘴

图 7　电镀表面有腐蚀斑点的水嘴

（2）摸手感

质量好的水嘴主要部件，如壳体、手柄、接头等都是黄铜铸造的。次等产品的某些零件使用合金材料和工程塑料代替，如手柄、装饰盖等，其质量和使用寿命相对较差。建议选购时尽量选用黄铜材料制作的水嘴。选购时可以比较估重，黄铜比重较大，拿在手上会明显较重实；合金材料密度较低，感觉松软，重心均匀；工程塑料拿在手上轻飘飘的（见图 8）。通过手按产品表面还可以检查电镀表面质量的好坏，一般来说手按上去再移走，手印消失较快的产品电镀表面质量较好（见图 9）。

图 8　手拎估重

图 9　检查电镀表面质量

（3）听声音

质量好的水嘴应该是整体黄铜浇铸的，黄铜敲打起来声音沉闷低沉。如果声音比较清脆，则都是不锈钢或者合金材料，质量相对要差一点。

（4）摸边角接缝

质量好的水嘴边角圆润没毛刺、锐利棱角等情况。此外主要零部件间的接缝结合处也是非常紧密，没有任何松动感。

（5）检查阀芯配件

阀芯质量是水嘴的关键，质量好的水嘴阀芯工艺精密，摆动手柄带动阀芯时能感觉到不松不紧、轻便、无阻滞（见图 10）。

2. 安装使用提示

（1）严格按照产品安装说明书进行安装。特别要注意的是，安装水嘴之前，要清除管道内的杂物。

（2）长期使用中的水嘴会因杂质堵塞而影响出水效果。可将起泡器旋下，依次拆下零件，清除杂质后再依次装上。

（3）清洁表面时，可用软布轻轻擦拭，不得用去污粉或酸性试剂，否则会擦毛和腐蚀表面金属涂镀层。

（4）进水管尽量采用耐压的金属硬管（铜管或不锈钢管），或采用符合标准要求的金属软管，绝不能使用淋浴管等非耐压管，以确保水路安全，不致漏水。

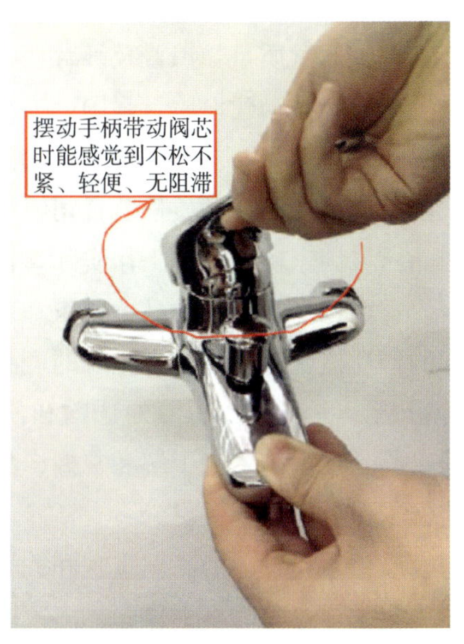

图 10　摆动手柄检查阀芯质量

总之，质量可靠、企业信誉好、售后服务完善的产品是消费者的首选产品，而价格是不能完全反映质量状况的。建材商城所销售的水嘴产品，进口品牌占了较大比例，进口品牌水嘴产品质量好，但价格昂贵，而国内规模较大的企业产品质量也很好，且价格比进口品牌低，消费者可根据需要选择合适的水嘴。

（由国家排灌及节水设备产品质量监督检验中心郑爱芬撰稿）

后记

《质量发展纲要（2011—2020年）》指出，要以增强全社会质量意识为抓手，实施质量素质提升工程，通过质量知识普及教育、职业教育和专业人才培养等措施，提升全民质量素养，推动建设质量强国。为贯彻落实《质量发展纲要（2011—2020年）》，大力普及产品质量安全知识，增强全民质量意识，促进提升质量安全水平，国家质检总局产品质量监督司组织编撰了本套丛书。

本书结合近年来产品质量国家监督抽查工作实际，针对社会关注热点，紧贴老百姓日常生活需要，重点选择日用消费品、建筑和装饰装修材料等产品作为编写对象，既有宏观的行业概况介绍，也有微观的产品简介；既有较为专业的标准解读及关键指标分析，也有通俗易懂的选购和使用提示。该书的可读性、针对性和实用性强，既是广大消费者了解和掌握产品质量安全知识的实用读本，也可作为质量监督工作者的专业教材。

本书的编撰得到国家质检总局领导的高度重视和关心支持，国家质检总局局长支树平担任本书编委会主任，并为本书作序。多家国家质检中心选派技术专家参与文稿撰写和书稿评审工作，充分展示了专家团队精湛的专业知识和严谨的工作态度。国家质检总局产品质量安全风险监测中心和中国质检出版社具体承担了本书的编撰组织任务，付出了艰辛劳动。在此一并表示衷心的感谢！

希望本书的出版，有助于消费者了解和掌握产品质量安全知识，增强质量安全意识，提高质量安全鉴别能力，防范质量安全于未然，维护质量安全利益；有助于社会公众提高质量素养，发挥社会监督作用，建立和完善产品质量安全社会监督机制；有助于营造政府重视质量、企业追求质量、社会崇尚质量、人人关心质量的良好氛围。

由于时间仓促，书中难免有疏漏之处，恳请广大读者批评指正。

本书编委会

2013年9月